Gustav Mahler

Joseph-André Metten

Gustav Mahler

Un génie universel

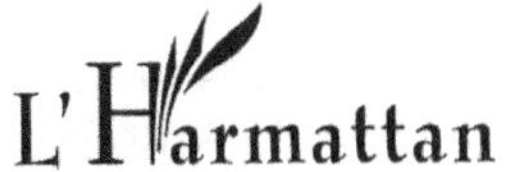

Du même auteur

Susana et Joseph-André Metten, *Un couple pour la vie ?*, L'Harmattan, 2016.

5-7, rue de l'Ecole-Polytechnique, 75005 Paris

http://www.editions-harmattan.fr

ISBN : 978-2-343-19938-2
EAN : 9782343199382

Je remercie Christian Wasselin de m'avoir autorisé à reprendre une interview du chef d'orchestre sud-coréen Myung-whun Chung, qu'il a réalisée en 2004 et dont je reproduis un extrait.

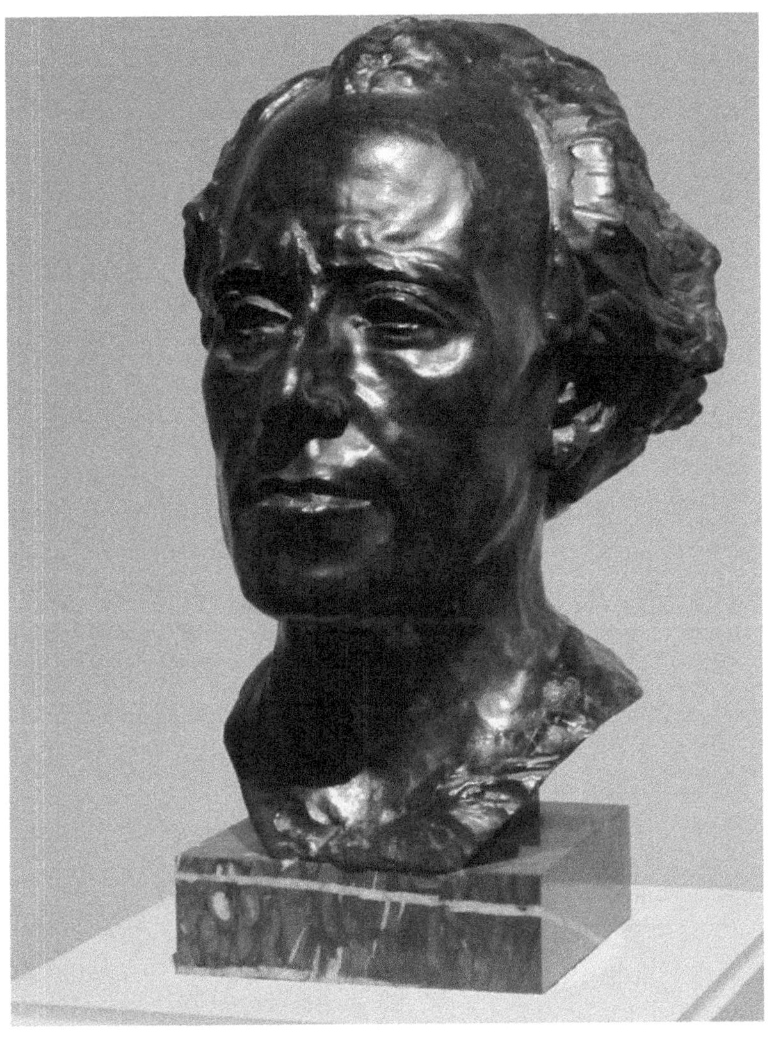

Gustav MAHLER par Auguste RODIN 1910

À Susana qui m'a fait découvrir et donc aimer
la musique de MAHLER

« Je sais maintenant que je suis pénétré des choses les plus grandes et les plus douloureuses, et destiné à les porter en moi, sans les laisser profaner, toute ma vie ».

Gustav MAHLER

« J'ai cru en Mahler dès l'instant où j'ai entendu sa musique. Quelque chose en moi s'est passé et cela a rendu évident le fait que je travaille pour lui. Je ne serais pas moi si je n'avais pas découvert Mahler. Je me suis tout de suite passionné pour ses combats, pour le moindre petit détail de sa vie. Son génie m'a fasciné ».

Henry-Louis de LA GRANGE
Musicologue biographe de Mahler

AVANT-PROPOS

Tout a été dit et écrit, ou presque, sur ce « monstre sacré » de la musique, Gustav MAHLER. Aussi, pourquoi encore une publication, une de plus, sur ce compositeur avant-gardiste qui a marqué la musique contemporaine, continue à fasciner les plus grands chefs d'orchestre, inspirer de jeunes compositeurs et susciter l'admiration de nombreux mélomanes, avertis ou non ?

Les raisons qui m'ont incité à écrire ce livre sont simples et affectives : c'est une admiration qui, au fil du temps, est devenue une véritable fascination pour ce personnage hors du commun. Mahler n'est pas seulement un des plus grands chefs d'orchestre de tous les temps, un directeur d'opéra exceptionnel, un compositeur d'un immense talent en avance sur son temps, un pianiste doué, c'est aussi et surtout pour moi un génie dont la personnalité est faite d'un profond humanisme, d'ouverture à tout ce qui l'entoure, d'amour de la nature qu'il voit comme partie intégrante de l'Univers, de recherche inlassable d'un au-delà …

La musique de Mahler s'est imposée très vite à moi grâce à mon épouse regrettée, Susana. Elle avait une sensibilité musicale merveilleuse et une passion notamment pour la « musique moderne ». Heureusement la musique classique m'a toujours intéressé et j'ai ressenti très jeune tout ce qu'elle pouvait apporter. Mais au moment où j'ai rencontré ma future épouse je ne connaissais presque rien de Mahler dont les compositions me paraissaient trop ardues. Mon épouse n'a eu aucune difficulté à me faire découvrir toutes les symphonies de Mahler et ensuite ses Lieder.

Très vite, elle est arrivée à créer en moi la même passion qu'elle avait pour ce compositeur. Ensuite à deux nous avons éprouvé le besoin de réécouter souvent de nombreuses œuvres de Mahler, de lire des livres, articles … pour découvrir un génie qui nous a de plus en plus séduits malgré sa complexité. Nous avons réalisé les grandes souffrances qui ont atteint le compositeur. Souffrances qu'il a traduites dans sa musique avec une grande dignité. Son œuvre délivre aussi un message d'espoir qui rayonne mais qu'il faut peu à peu découvrir car souvent masqué par de sombres évocations sonores.

Certaines de ses pages musicales, d'une intensité émotionnelle extrême, évoquent sa vie, la douleur humaine qu'il porte sans la cacher, son dynamisme, son ouverture à ses frères et sœurs, les hommes et les femmes, de manière touchante.

N'étant pas musicologue, je ne m'aventurerai évidemment pas sur un terrain qui ne m'est pas connu. Je ne suis pas davantage psychiatre et ne chercherai pas à analyser l'âme profonde de Gustav Mahler qui interpelle bon nombre de spécialistes, intrigués sans doute par la consultation qu'il a eue avec Sigmund Freud en 1910.

Ma démarche se limite donc à décrire ce qu'un amateur de musique ressent en passant de longues heures à écouter des compositions souvent difficiles mais toujours captivantes, en lisant et relisant de nombreux témoignages sur le compositeur, en imaginant le déroulement d'une de ses journées, en essayant de ressentir tout ce que sa vie partagée avec son épouse Alma lui a apporté pendant dix années. Le côté humain de ce compositeur rend passionnante l'approche de sa personnalité. Si celle-ci est de fait complexe, la grande honnêteté intellectuelle et l'expression directe du compositeur rendent plus facile, me semble-t-il, la possibilité de répondre, même très partiellement, à cette question : « mais qui est Gustav Mahler ? ».

Mon objectif principal est que ceux qui connaitraient peu Mahler aient envie, à la lecture de ces pages, de partir à une découverte plus approfondie de ce personnage qui ne cesse d'interpeler. Il leur est proposé, à travers ce livre, une exploration aussi objective que possible de ce créateur atypique. Quant à sa musique parfois déconcertante, il faut se donner le temps pour lentement percevoir une partie des nombreuses subtilités d'un compositeur innovateur, très en avance sur son temps.

La première partie du livre est consacrée à la découverte de la musique et de la personnalité de Gustav Mahler avec comme fil conducteur la chronologie de sa vie passionnée et dramatique, hélas trop courte. Celle-ci est marquée d'événements tragiques qui bouleversent le compositeur, sa vision de l'existence et sa composition musicale. L'approche chronologique me parait donc essentielle.

A la fin de cette partie, seront abordées les principales sources littéraires des textes chantés. Et, en dernier point, sera évoquée l'intuition du compositeur, lucide, pressentant que sa musique allait d'abord passer par une sorte de purgatoire. Mais Mahler clame aussi sa certitude que celui-ci ne sera que passager et que, selon ses termes :

« Mon heure viendra »[1].

Dans la seconde partie, est abordée la sortie de cette d'éclipse momentanée et injuste dans laquelle, de fait, est tombée la musique de Mahler après son décès. Le retour en pleine lumière de l'œuvre du compositeur autrichien, s'il prendra du temps, aboutira à partir des années soixante à des résultats spectaculaires : le génie de Gustav Mahler sera reconnu. Le monde musical le considérera comme un compositeur parmi les plus grands, sa musique sera jouée par les meilleurs chefs d'orchestre qui n'auront de cesse d'enregistrer l'intégrale de ses symphonies. L'explosion de la discographie de l'ensemble de ses compositions va être impressionnante… Mahler figurera au programme des grands festivals, des concerts événementiels... Les émissions sur le compositeur vont se multiplier… De nombreuses études musicologiques seront publiées... Des films de qualité vont être produits.

Pour passer de l'ombre à la lumière, la musique de Mahler a bénéficié de l'impact majeur des initiatives prises par trois « ambassadeurs » exceptionnels : d'abord, Henry-Louis de La Grange, musicologue et biographe de Mahler. Il a consacré plus de soixante-dix années à approfondir la musique du compositeur et sa personnalité qui le fascinaient.

Ensuite, Leonard Bernstein fut également un défenseur infatigable de Mahler dont il a dirigé les œuvres avec une énergie débordante. Il a consacré son talent de pédagogue à la défense de la musique mahlérienne, particulièrement en direction des jeunes.

---

[1] Gustav Mahler, par Bruno Walter, Préface de Pierre Boulez, Collection Pluriel, 1969 et 1979, page 37. D'autres témoins, moins proches du compositeur que Walter, évoquent l'affirmation « Mon temps viendra ». L'idée est la même.

Enfin, grâce à son très beau film « Mort à Venise », Luchino Visconti a fait connaître Gustav Mahler auprès d'un large public. L'évocation du compositeur, quoique très déformée, a le mérite d'avoir rendu mythique le quatrième mouvement de la cinquième symphonie, le merveilleux « Adagietto » qui imprègne tout le film. Cette page exceptionnelle de la grande musique est désormais associée pour longtemps aux belles images du Lido de Venise, théâtre de ce film, et bien sûr à son auteur Gustav Mahler.

Du vivant de Mahler ou peu de temps après sa mort, des « pionniers » ont cru au génie du compositeur et ont entretenu la flamme de sa musique, certes d'une façon moins spectaculaire que ces trois « ambassadeurs », mais tout aussi déterminante. Ce sont, pour ne citer que les plus importants, Bruno Walter, Arnold Schönberg, Willem Mengelberg, Henry Wood, Alban Berg, Anton Webern, Otto Klemperer, Oscar Fried. Trois autres qui ne l'ont pas connu de son vivant ont découvert sa musique peu de temps après son décès et se sont passionnés pour lui : Leopold Stokowski, Jasha Horenstein, Dimitri Mitropoulos.

Bien après le décès du compositeur, d'autres grands chefs d'orchestre contemporains vont encore amplifier ce retour à la pleine lumière. Une liste volontairement très limitée d'une trentaine de noms est reprise dans cette seconde partie. Parmi ceux-ci, Claudio Abbado, Daniel Barenboïm, Myung-whun Chung, Simon Rattle et Daniel Harding seront retenus pour donner une illustration de la manière dont chacun d'eux a contribué à défendre la musique de Gustav Mahler. Apparaitra la fascination que le compositeur a exercée sur eux, par une sorte de coup de baguette magique.

De la sorte, la seconde partie donnera une vision claire de ce qui s'est passé pendant près de cent dix ans, du décès de Gustav Mahler à ce jour.

Et en conclusion du livre est affirmé le génie universel de Gustav Mahler.

Toute son existence il a voulu améliorer, avec une rare persévérance, la condition de l'Homme par la Musique, SA Musique. Mahler était aussi un visionnaire : dans un monde occidental dont il perçoit le déclin, il a la prémonition que, à l'aube du vingtième siècle, peuvent se préparer de grands cataclysmes. De fait, à peine trois ans après son décès en 1911, éclate la première guerre mondiale. Elle va provoquer une hécatombe notamment parmi la jeune élite française et allemande. C'est de ce type de catastrophe que Mahler rêvait de sauver le monde, par la musique.

Il appelait de toutes ses forces un au-delà donnant un sens à l'aventure humaine par moments si tragique. Pour autant, il ne s'est laissé enfermer dans aucune chapelle. C'était incompatible avec sa vision cosmopolite de l'Univers et ainsi il gardera toute sa vie une totale liberté de pensée.

Personnage entier, révolutionnaire, anticonformiste intransigeant, impitoyable avec la médiocrité, cassant dans son souci presque obsessionnel de perfection, Mahler n'aura cette attitude dure que pour défendre l'idée élevée qu'il se fait de la musique et affirmer son horreur de l'insuffisance. C'est un artiste qui exige le meilleur de tous ceux qui travaillent avec lui, particulièrement des musiciens qu'il dirige. Certains comprendront ce que Mahler souhaite obtenir d'eux et suivront ce chemin rocailleux d'excellence, en réalisant que c'est ce parcours qui défend le mieux leurs propres intérêts : accepter de se surpasser pour progresser dans leur métier de musicien. Mais d'autres qui ne percevront pas ce que veut Mahler ne cesseront de le critiquer.

Mahler a été un mari aimant. Il admirait sa femme, Alma, qui l'a beaucoup aidé et soutenu. Pourtant il ne lui a pas suffisamment manifesté son affection, absorbé tout entier par sa musique. Par ailleurs, il fut un père de famille exemplaire, extrêmement touchant, confronté à l'événement le plus douloureux de sa vie : le décès, à l'âge de quatre ans, de sa fille ainée Maria qu'il chérissait (il l'appelait tendrement « Putzi »).

Gustav Mahler a un grand respect pour la femme, en particulier pour son épouse Alma. Sur ce point aussi il est en avance sur son temps. Il rejoint son poète préféré Goethe qui évoque « l'Eternel Féminin » auquel il croit profondément et qui sera chanté en message final de sa monumentale huitième symphonie.

Ce sont là quelques traits de caractère de ce compositeur d'exception qui vont être mis en évidence au fil des pages qui suivent.

A ma toute petite échelle, je ressens et partage la conviction du musicologue Henry-Louis de La Grange, sans doute aucun le meilleur spécialiste de Mahler, qui a scruté à la loupe qui était ce compositeur.

Voici le message émouvant qu'il livre à la fin de son existence :

> « Ma vie a vraiment été dédiée à cet immense musicien et à cet homme, à mon avis, qui est tellement hors du commun. Quoi qui se soit passé dans sa vie, il a toujours été un grand

homme et c'est magnifique, merveilleux de trouver un homme que l'on puisse admirer complètement. Et quand on lui trouve des faiblesses, c'est le revers de la médaille, c'est parce que chacun a ses faiblesses et même les plus grands hommes en ont. Et ne parlons pas des autres… »[2]

Ce beau témoignage est un « des miracles » que continue à produire Mahler : susciter une admiration chez ceux qui consacrent de leur temps à écouter sa musique : La Grange, de plus en plus fasciné par Gustav Mahler, va écrire plus de huit mille pages sur le compositeur… Il y a-t-il un autre musicologue qui ait consacré l'essentiel de son existence à un seul musicien ? Je n'en connais pas.

C'est donc à la découverte du personnage Mahler que nous partons.

[2] Sur les pas de Mahler, film écrit par Alain Duault et Stéphane Ghez, réalisateur (2013), déclaration de Henry-Louis de La Grange.

PREMIÈRE PARTIE

Vie passionnée et tragique de Gustav Mahler

> « Mon besoin de m'exprimer musicalement, symphoniquement, ne commence que là où règnent les sentiments obscurs, à la porte qui conduit dans l'autre monde, le monde dans lequel les choses ne sont plus divisées par l'espace et le temps »[3]
>
> Gustav Mahler

Mahler sera toujours marqué par sa conviction de l'importance de sa haute mission musicale et de l'omniprésence de grandes souffrances qu'il dit devoir porter toute son existence.

Dans sa recherche insatiable d'un infini donnant un sens à l'aventure humaine, il se lance dans la composition musicale et veut s'affranchir, comme il le précise, de la contrainte espace-temps. Ainsi pourra-t-il donner libre cours à son imagination débordante dans le seul but de servir le mieux possible sa musique et grâce à elle toute l'Humanité. C'est, ainsi qu'il le souligne, à la limite de l'« autre monde » qu'il va inlassablement concevoir et écrire son œuvre musicale.

---

[3] Connaissance de Mahler, par Jean Matter, Lausanne, L'âge d'homme, 1974, pages 151-152.

I.1. SON ENFANCE ET L'ÉVEIL DE SA VOCATION

Né dans un village de Bohème, Kaliště, rattaché alors à l'Empire austro-hongrois, de milieu juif modeste, le petit Gustav va très vite rencontrer la souffrance : son père est violent et alcoolique. Sa mère, à laquelle il est profondément attaché, en est très affectée, ce qui touche énormément cet enfant sensible. Lors de son unique rencontre avec Sigmund Freud qu'il consulte en 1910 pour faire part de sa crainte de perdre son épouse Alma qui le trompe, Mahler évoquera, à quelques mois de sa mort, le traumatisme de son enfance provoqué par les relations conflictuelles entre son père et sa mère. Ainsi il apparait qu'il a porté toute son existence cette première grande souffrance qui l'aura marqué au plus profond de son être.

Il est le deuxième d'une famille de quatorze enfants dont sept mourront très jeunes. Gustav a quinze ans lorsque décède, en 1875, son frère Ernst de deux ans son aîné. Gustav, très attaché à ce frère, est particulièrement marqué par cet événement tragique qui le bouleverse. Désormais l'aîné, il quitte brutalement le monde de l'enfance.

Ayant un sens aigu de la famille et de ses nouvelles responsabilités, il veillera toujours sur ses jeunes frères et sœurs. A la mort de ses parents, ce travailleur forcené arrivera à leur consacrer encore davantage de son temps. Ce beau geste décrit le tempérament profond de Mahler : c'est un humaniste.

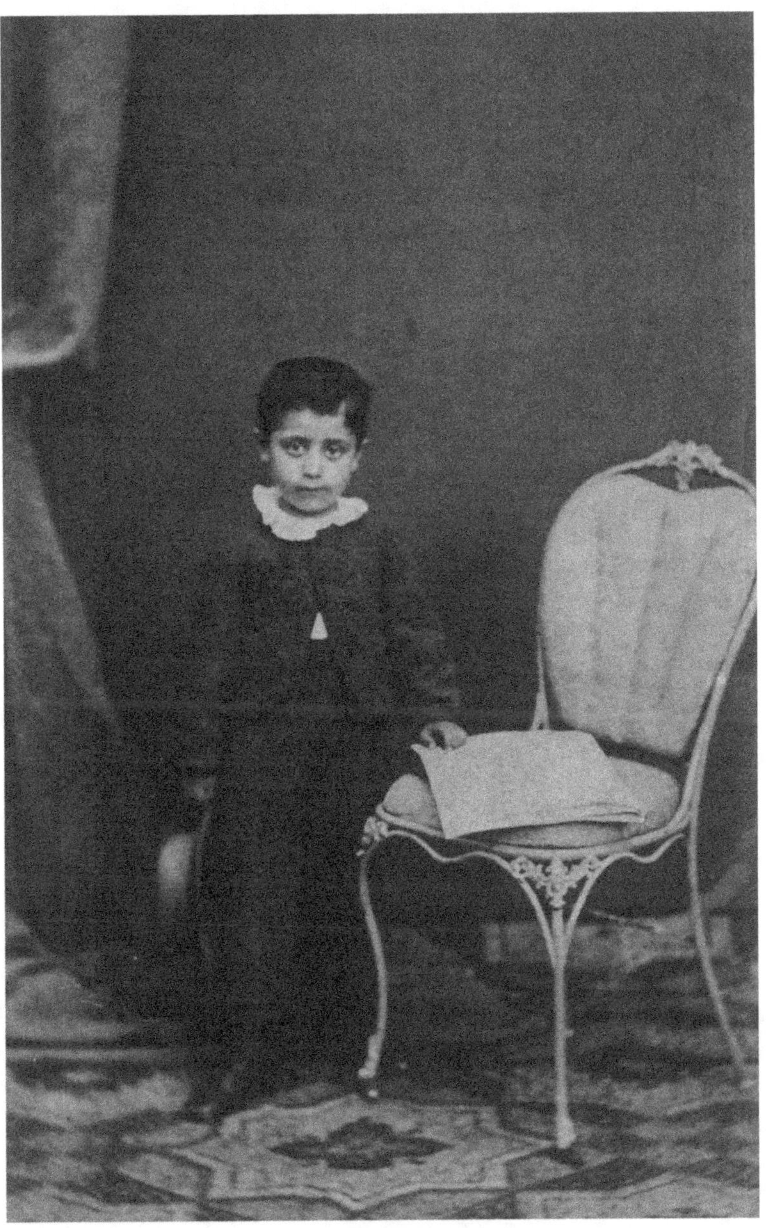

Gustav à 5 ans

En ce qui concerne sa famille, il aurait été très fier de sa nièce Alma, fille de sa sœur Justine[4] (« Justi » comme il l'appelait avec affection), qui a fait partie de l'orchestre des femmes d'Auschwitz dont elle deviendra cheffe, dans le sillage de son oncle. Les membres de cette formation musicale étaient toutes des déportées juives…

Dans ce contexte si difficile pour le jeune Gustav, s'offre à lui, fort heureusement, une première chance : certains dans son entourage réalisent vite qu'il est particulièrement doué pour le piano. C'est ainsi qu'il va pouvoir bénéficier d'une solide formation musicale lui permettant de révéler ses nombreux talents. Il commence ses études au conservatoire réputé de Vienne et les complète par des cours de philosophie et d'histoire de la musique. D'une curiosité surprenante, Gustav s'intéresse à tout, assimile tout, et acquiert rapidement une culture générale débordant très largement le seul monde de la musique.

Toute sa vie, il se passionnera pour la littérature[5], dévorant une quantité impressionnante d'ouvrages. Il aurait pu être écrivain mais ce n'était pas sa vocation. Par bonheur, il écrira beaucoup, d'une plume très alerte. Tous ses écrits sont marqués d'une grande précision caractérisant sa forme de pensée.

Depuis son très jeune âge, Gustav est fasciné par la musique militaire qu'il entend souvent, jouée par une

---

[4] Justine est une sœur très proche de Gustav qui a beaucoup d'estime pour elle. Elle l'a aidé notamment en tenant sa maison jusqu'en 1902. Ils continueront à échanger de nombreuses lettres durant toute l'existence de Gustav.

[5] Dostoïevski sera un de ses auteurs préférés, en raison notamment de l'attention qu'il porte à la douleur humaine.

garnison proche de son village. Il en est de même des airs folkloriques bohémiens. Tout petit, Gustav connaissait par cœur de très nombreuses chansons qu'il avait grand plaisir à chanter. Ces deux sources musicales vont l'imprégner tout au long de sa vie. Et de la manière la plus naturelle, il les intégrera régulièrement dans ses œuvres : c'est tout son univers qui a bercé son enfance auquel il restera attaché, quitte à surprendre les critiques musicaux et son public. Ainsi, il introduit dans le troisième mouvement de sa première symphonie, qui est une marche funèbre, la chanson populaire « Bruder Jakob » (« Frère Jacques »), en mode mineur. C'est le fruit de sa spontanéité qui choquera longtemps parce que jugée désinvolte alors que pour lui cette association est des plus naturelles.

Très tôt, Gustav sent que son destin est de se consacrer à une unique vocation : la composition musicale. Mais à l'âge de vingt ans, il se heurte à une difficulté majeure : il n'est pas reçu à un concours de composition, « le Prix Beethoven » (écarté par un certain Johannes Brahms). Il a présenté alors sans succès sa première composition « Das Klagende Lied » (« La Complainte »)[6] et, dépité, se tourne par nécessité vers une carrière de chef d'orchestre qui ne l'attire nullement. Par la suite, il en sera de même pour son métier de directeur d'Opéra qu'il acceptera également à contre cœur.

Ainsi, Mahler, jeune génie contrarié et déçu, doit entamer à vingt ans un parcours de chef, qu'il sait être long, décourageant et semé d'embuches. Mais il démarre cette carrière forcée en faisant sans doute lui-même la

---

[6] Voir le point 6 de cette première partie : « Les principales sources littéraires des textes chantés ».

découverte de ses qualités exceptionnelles d'adaptation et de persévérance qui ne le quitteront jamais : une ténacité à peine imaginable, soutenue par la profonde conviction de son talent, une capacité de travail inouïe, une volonté d'acier qui lui permet de faire face aux immenses difficultés qu'il rencontrera tout au long de son existence. Ces qualités qu'il possède à un niveau à peine imaginable le poussent à faire bouger des montagnes, à ne jamais se laisser abattre, à continuer à avancer en persistant à croire, malgré ce premier échec qu'il pensait au début définitif, en sa vocation de compositeur qui l'accapare de plus en plus.

Sa carrière de chef d'orchestre sera très vite reconnue par le monde musical comme l'une des plus brillantes : il sera considéré comme l'un des plus grands chefs de son temps (le plus grand pour certains). Il en sera ensuite de même pour son activité de directeur d'opéra qui exige de tout autres qualités que celles de chef et à laquelle il va consacrer la même énergie phénoménale.

Ce second métier, Mahler l'exercera en continuant à diriger les meilleurs orchestres dans de nombreux pays européens et ensuite aux Etats-Unis.

Comme directeur d'opéra, il accepte au début, par pragmatisme, de diriger des petites structures ne disposant que de moyens musicaux réduits. Il va franchir avec brio les étapes difficiles de direction d'opéras de plus en plus importants. A vingt-huit ans, Mahler sera nommé directeur artistique de l'Opéra de Budapest. Il dirigera notamment des opéras de Mozart, en particulier Don Giovanni qui suscitera à la fin d'un concert ces appréciations et marques de sympathie très éloquentes de Johannes Brahms présent dans la salle :

« C'est la première fois de ma vie que j'entends Mozart »[7]

« le très exigeant Brahms l'admire et vient l'embrasser »[8].

Impressionné par l'exceptionnelle qualité de ses interprétations dans la seconde capitale de l'Autriche-Hongrie, le géant de la musique Brahms devra reconnaître les qualités hors normes du chef d'orchestre Mahler, en affirmant :

« Un tel niveau est inconcevable à Vienne »[9].

A trente-sept ans, ce « petit juif » connait la plus grande consécration de l'époque : il devient d'abord directeur artistique de l'Opéra de Vienne et, la même année, directeur de l'Opéra. Sa nomination tient du miracle. Cette fois il a bénéficié de l'aide déterminante de Johannes Brahms (ce dernier a certainement oublié le jeune candidat au concours de composition « Beethoven »).

Pour obtenir ce poste prestigieux, Gustav Mahler a dû se convertir au catholicisme et renoncer à la religion juive. Ce n'est dans son esprit qu'une décision de forme sans réelle conséquence : il a toujours fait preuve d'une grande indépendance de pensée, refusant de se laisser enfermer dans une religion.

Mais son « étiquette juive » continuera à le poursuivre et constituera un obstacle permanent dont il est conscient.

Mahler modernise considérablement l'Opéra de Vienne engourdi dans le confort de son prestige. Il va remanier tant ses programmes que son organisation… et susciter, de

[7] Autopsie d'un génie, film de Andy Sommer, 2011, témoignage de Henry-Louis de La Grange.

[8] Gustav Mahler, par Isabelle Werck, collection horizons, 2010, page 38.

[9] Mahler, par Marc Vignal, Editions du Seuil, 1995, page 43.

toutes parts, des critiques négatives. Mahler, intransigeant, cassant, se fera un certain nombre d'ennemis dérangés par son côté inflexible et perfectionniste. C'est un de ses traits de caractère dominant que les Viennois découvrent, pour beaucoup avec des grincements de dents.

Grâce à Mahler, la mise en scène lyrique viennoise va elle aussi être totalement métamorphosée. Pour les nombreux opéras qu'il dirige, il concevra des décors révolutionnaires pour l'époque, assisté d'artistes de grand talent, tout spécialement du peintre Alfred Roller, avant-gardiste comme lui. Les modernistes seront ravis et les conservateurs refusant tout changement en seront pour leurs frais.

Pour faire face à ce travail monumental, il embauche un jeune chef chargé de le seconder, Bruno Walter. Son choix s'avérera être des plus pertinents. Walter sera le fidèle du Maître, parmi les plus fidèles. Il l'admirera toute son existence. Les deux seront vite liés par une amitié sans faille.

A Vienne, le Directeur d'Opéra Mahler devient une célébrité, bien campée par l'écrivain et biographe autrichien Stefan Zweig (1881-1942) :

> « avoir aperçu Gustav Mahler dans la rue constituait un événement que l'on rapportait à ses camarades le lendemain comme un triomphe personnel… »[10].

---

[10] Le retour de Gustav Mahler, par Stefan Zweig, Actes Sud, 2015, page 10, paru en 1915 dans le quotidien viennois « Neue Freie Presse ». Grand admirateur de Mahler, Zweig assiste en septembre 1910 à la création de la huitième symphonie à Munich. Cet écrivain renommé fut librettiste de Richard Strauss.

Ainsi, Gustav Mahler réussit à briller dans deux métiers qui ne l'attiraient nullement et il va pouvoir enfin consacrer un peu de temps à la composition musicale.

I.2. SA SEULE VÉRITABLE PASSION : LA COMPOSITION MUSICALE

Cette fois, Mahler a définitivement acquis la certitude que la composition musicale était sa réelle vocation. Débordé par son activité de chef et de directeur d'opéra, il décide de réserver ses seules vacances à la composition. En 1884, Gustav Mahler commence à composer ses quatre premiers Lieder dont il s'inspirera dans l'écriture de ses symphonies. Il se lance avec passion, en 1885, dans l'écriture de sa première symphonie. Il a vingt-cinq ans.

Ce surdoué finira par réussir aussi brillamment sa carrière de compositeur que celles de chef d'orchestre et directeur d'opéra. Mais il devra attendre très longtemps cette troisième consécration : le public et les critiques musicaux ne réserveront qu'un accueil très mitigé à ses sept premières symphonies, chaque fois dirigées par le compositeur lui-même, de 1889 à 1908, à une exception près : en 1902, la création à Krefeld de sa troisième symphonie dans sa version complète rencontre un grand succès.

Quasiment vingt ans de scepticisme du public, de critiques musicales souvent d'une rare férocité, de sarcasmes de certains grands compositeurs, de caricatures méchantes... Mahler va devoir attendre 1910, la création de sa huitième symphonie, pour connaître le triomphe qu'il mérite. Il mourra quelques mois plus tard. Mais ce n'est pas tout : sa musique connaîtra ensuite une traversée du désert d'une cinquantaine d'années, suivie enfin de la consécration mondiale justifiée.

Cette pluie de critiques négatives aurait été de nature à décourager voire écœurer bon nombre de compositeurs de valeur, mais il n'en sera jamais ainsi pour Mahler qui poursuit sa route sans rien changer à sa veine inspiratrice. Il écoute les critiques mais leur est totalement imperméable. Il sait que sa muse ne le trompe pas. C'est une autre facette de sa force de caractère exceptionnelle nourrie par la foi profonde en son génie de créateur musical. Gustav Mahler est un personnage qui interpelle. Il est rare qu'un compositeur puisse résister aussi longtemps à des critiques virulentes et quasi permanentes sans infléchir sa pensée créatrice. Heureusement, Mahler y arrivera.

Il apparaitra donc qu' il est un compositeur d'une rare envergure, et ce talent s'ajoute à ses dons exceptionnels pour la direction d'orchestre et d'opéra, pour le piano et la mise en scène lyrique...Ceci est d'autant plus remarquable que peu de grands compositeurs seront également de brillants chefs d'orchestre. Dans ce cercle restreint dont fait partie Mahler, on peut citer Berlioz, Wagner, Strauss, Stravinsky.

> « Impatient et brutal avec la nullité et l'insuffisance »[11]

dira de lui Bruno Walter, définissant ainsi parfaitement le trait dominant de la personnalité du compositeur Mahler qui ne supporte pas la médiocrité. Toutefois, cette vive réaction ne l'empêchera pas de rester profondément humain.

Dans les dernières décennies du XIXème siècle, la composition musicale allemande et autrichienne est

---

[11] Gustav Mahler, par Bruno Walter, Collection Pluriel, Préface de Pierre Boulez, 1969 et 1979, page 47.

marquée par le « Monument » Richard Wagner (1813-1883), symbole de l'apogée du Romantisme. Il influencera considérablement Anton Bruckner (1824-1896) et le jeune compositeur Gustav Mahler, qui se lanceront l'un et l'autre dans l'écriture de symphonies romantiques marquées par le gigantisme. Un autre grand héritier wagnérien, Richard Strauss (1864-1949), nouera des relations suivies avec Mahler, notamment par un échange de lettres qui a donné lieu à une publication intéressante[12].

Ces grands compositeurs ouvrent la voie d'un XXème siècle musical plein de promesses et d'audaces. Dans ce courant puissant, l'avant-gardiste Mahler occupe une place privilégiée du fait de sa créativité sans limite et de sa grande liberté d'expression. Il entre de plein pied dans cette époque nouvelle de modernisme, contribuant à établir une heureuse liaison musicale entre le XIXème siècle et le XXème auquel il va apporter sa vision artistique novatrice.

I.3. Premiers Lieder et les quatre premières symphonies (1884-1900)

I.3.1. Premiers Lieder (1884-1885)

Désormais persuadé que sa seule vocation est de composer de la musique, Gustav Mahler va écrire ses quatre premiers Lieder.

En 1883, le jeune chef d'orchestre Mahler est nommé au Théâtre de Kassel, en Allemagne, comme second directeur musical. Il a vingt-trois ans. Il fait la connaissance d'une soprano, Johanna Richter (1858-

---

[12] Mahler-Strauss, Correspondance, 1888-1911, Editions Bernard Coutaz, 1990.

1943), dont il s'éprend. Le jeune chef connaîtra des moments de bonheur qui pas à pas se traduiront en déception amoureuse. Johanna Richter va être l'inspiratrice de ce jeune homme désemparé qui lui dédie quatre poèmes dont il assure la mise en musique.

Gustav Mahler compose donc, en 1884-1885, ses quatre premiers Lieder qu'il appelle « Chants d'un compagnon errant » (« Lieder eines Fahrenden Gesellen »). Les textes sont tirés de quatre poèmes anonymes, mais dont trois sont très vraisemblablement écrits par Mahler lui-même qui veut que son message chanté traduise très précisément sa pensée. En voici les titres :

1. « Quand viendront les noces de ma bien aimée » (composition en 1884 -1885)
2. « Ce matin, j'ai marché à travers champs » (1884 -1885)
3. « J'ai un couteau à la lame brûlante » (1884 -1885)
4. « Les yeux bleus de ma bien-aimée » (1884 -1885).

Les premier et quatrième Lieder traduisent clairement la déception sentimentale du compositeur à ce moment.

La mélodie du poème « Ce matin, j'ai marché à travers champs », comme nous allons le voir, sera reprise dans les premier et quatrième mouvements de la première symphonie « TITAN », et celle des « Yeux bleus de ma bien aimée », dans le troisième mouvement de la même symphonie.

Le jeune Mahler explique l'origine de leur appellation « Chants d'un compagnon errant » :

« Voici comment j'ai conçu au départ ce cycle. Un jeune compagnon (« gesell »), malmené par le destin, s'enfuit dans le vaste monde où il erre devant lui au hasard »[13].

Ses premiers Lieder sont donc marqués par une nostalgie amoureuse. Triste, Gustav Mahler voudra quitter dès que possible Kassel, cherchant à oublier Johanna Richter. Il se fera nommer premier chef à Leipzig, en 1886.

I.3.2. La première symphonie (1885 à 1888 - création 1889) et premier chef d'œuvre de Mahler

Avec fébrilité, Mahler se consacre enfin à la composition d'une symphonie et finalise en 1888 la première qu'il nomme « TITAN »[14]. Depuis plusieurs années, il travaille comme un forcené à la direction d'orchestre et ne peut de ce fait composer qu'à ses moments de loisir. Il dira avec une pointe d'humour, une de ses caractéristiques, qu'il est « un compositeur de l'été »[15] ! D'emblée, il imprime à son monde musical une grande originalité, conscient qu'il va heurter son public. Son souci n'est pas de plaire mais de créer LA musique dont il rêve depuis si longtemps et à laquelle il croit. Ce sera un autre trait de sa personnalité : rester toujours libre dans ses choix, loin de la pression des critiques et du souci d'être dans l'air du temps.

---

[13] Gustav Mahler, par Henry-Louis de La Grange, Editions Fayard, 2007, page 38, lettre à son ami Fritz Löhr du 1er janvier 1885.

[14] Mahler retient le titre du roman « Titan », héros romantique de l'écrivain allemand Jean Paul (1763-1825).

[15] Le destin symphonique de Gustav Mahler, par Maurice Dahan, Editions Le Bord de L'eau, 2018, page 372.

Son expérience de chef lui permet d'avoir une connaissance approfondie du fonctionnement d'un orchestre. Elle sera un atout précieux pour réussir pleinement sa nouvelle carrière de compositeur.

« TITAN » est un monument grandiose qui démontre le génie du compositeur dès sa première œuvre symphonique. Elle s'inspire beaucoup de la nature qui l'a tellement marqué depuis son enfance.

Ainsi, dans le premier mouvement sous-titré « Comme un bruit de la nature », on entend des sons évoquant la forêt, notamment un coucou. Il reprend ensuite une mélodie d'un Lied qu'il a composée, intitulée « Ce matin j'ai marché à travers champs »[16]. Elle contribue à créer l'ambiance pleine de fraicheur du début de l'œuvre.

Se font également entendre des échos répétés de fanfares militaires qui ont joué un rôle très important dans l'éveil musical du jeune Gustav.

Le deuxième mouvement a pour inspiration la littérature populaire autrichienne. Il est léger et enlevé, exprimé au rythme d'une dance.

Ensuite le troisième mouvement suscite un grand étonnement : c'est une marche funèbre et qui prête attentivement l'oreille est surpris de découvrir l'air, certes adapté en mineur, de la chanson très connue « Bruder Jakob » (« Frère Jacques »). Le compositeur enchaine ensuite avec une scène de mariage juif qui invite à nouveau à la dance…

Restant fidèle à ses origines, il recrée ainsi l'ambiance de son enfance. Avec le plus grand naturel, Mahler mélange des scènes grandioses, sombres, pathétiques avec d'autres banales, anodines, et jugées par certains,

---

[16] 2ème poème du recueil des « Chants d'un compagnon errant » que nous venons d'évoquer.

vulgaires. Si Mahler n'était pas génial, ces inspirations populaires, à première vue inintéressantes, pourraient même être considérées comme dérisoires.

Mais le compositeur ne s'arrête pas en si bon chemin : il va encore plus loin en déclarant qu'il faut

> « se représenter cette marche funèbre comme si elle était massacrée par une musique municipale médiocre »[17].

De fait, un violoncelle se fait entendre en solo en émettant un son désaccordé…

Autre évocation de jeunesse : Mahler indique que l'inspiration de ce troisième mouvement lui est également venue du souvenir d'une image populaire d'un dessinateur autrichien « L'Enterrement du chasseur ». Ce dessin plein d'humour représente un cortège d'animaux de la forêt, dressés sur leurs pattes arrière, menant à sa dernière demeure leur pire ennemi, le chasseur…

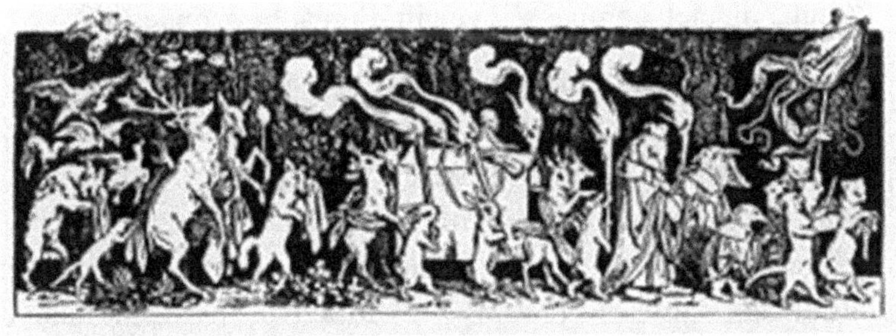

L'enterrement du chasseur (DR)

Le thème suivant du même mouvement s'inspire à nouveau d'une mélodie d'un Lied de Mahler du « Chants d'un compagnon errant ». Il s'agit cette fois du quatrième

---

[17] Gustav Mahler tel qu'en lui-même, par Philippe Chamouard, Editions Connaissances et Savoirs, 2006, page 118, lettre de Natalie Bauer-Lechner à L. Karpath du 16 novembre 1900.

poème, « Les yeux bleus de ma bien-aimée »[18], traduisant comme précisé la déception sentimentale du jeune compositeur.

Quant au quatrième mouvement, c'est par moment un merveilleux tourbillon, proche de la tornade, qui révèle toute la fougue, proche de la frénésie, d'un compositeur qui attend depuis si longtemps de pouvoir enfin donner libre cours à sa vocation. Suivent des passages de grande douceur mettant en évidence la large palette d'inspiration de Gustav Mahler qui fait réapparaitre la mélodie du premier mouvement « Ce matin j'ai marché à travers champs »[19]. Un coucou se fait à nouveau entendre.

Démarre ensuite une espèce de cavalcade qui introduit la fin de l'œuvre.

La symphonie se termine par un véritable feu d'artifice, titanesque. Du dernier accord, brutal, Mahler dira :

> « Mon accord en ré majeur doit sonner comme s'il était tombé du ciel, comme s'il venait d'un autre monde ! »[20]

Une énergie exceptionnelle explose pour le bonheur de ceux qui cherchent à découvrir la musique de Mahler. Cette symphonie leur donne une première réponse éloquente et merveilleusement sonore. La fin de « Titan » va faire découvrir toute la puissance que veut donner Mahler aux cuivres (7 cors, 5 trompettes, 4 trombones, 1 tuba) et percussions (6 timbales, 2 timbaliers, cymbales, triangle, tam-tam, grosse caisse). L'ensemble de l'orchestre se déchaine. C'est grandiose.

Voici planté dès sa première composition l'ensemble du monde musical de Mahler, marqué du sceau de son

---

[18] 4ème poème du recueil des « Chants d'un compagnon errant ».
[19] 2ème poème du recueil des « Chants d'un compagnon errant ».
[20] Mahler, par Marc Vignal, Editions du Seuil, 1966 et 1995, page 42.

génie, teinté de pointes d'humour et d'une grande liberté d'expression musicale. Son originalité frappe dès la première note. Il en sera ainsi jusqu'à sa dernière composition. Chacune de ses dix symphonies est différente des autres, qualité rare même chez les grands compositeurs.

Le musicologue Henry-Louis de La Grange considère cette première symphonie comme une des grandes réussites de Mahler, en particulier le premier mouvement dont l'introduction est pour lui

> « superbe, incroyablement originale, poétique, tellement touchante, tellement forte. Il y a toutes sortes de voix, d'abord un coucou, des fanfares militaires… »[21]

> « quelque chose de profondément émouvant, un des moments les plus originaux, les plus exceptionnels et les plus bouleversants, à mon avis, de toute l'œuvre de Mahler »[22].

Mais Mahler, très lucide, pressent que sa première symphonie est de nature à susciter auprès du public

> « maintes raisons d'étonnement ».

Ce sera peu dire.

Lors de la création qu'il dirige lui-même en 1889 à l'Opéra royal de Budapest, Mahler constate que le public est déconcerté. De fait, « de timides applaudissements et des sifflets énergiques concluent ce concert… »[23]. Et la

---

[21] Autopsie d'un génie, film de Andy Sommer, 2011, témoignage de Henry-Louis de La Grange.

[22] Sur les pas de Mahler, film écrit par Alain Duault et Stéphane Ghez, réalisateur, 2013, témoignage de Henry-Louis de La Grange.

[23] Gustav Mahler, par Henry-Louis de La Grange, Fayard, 2015, page 68.

critique qui découvre ce nouveau compositeur va se déchainer :

> « harmonie d'une simplicité choquante »... « musique ridicule ».... « vacarme assourdissant de dissonances atroces »... « absence de goût monstrueuse »...[24]

Mais ce n'est pas fini. Suit une pluie d'autres critiques au vitriol. A titre d'illustration, voici l'appréciation d'un journal hongrois « La Neue Pester Zeitung » qui résume bien les appréciations très négatives que suscite la découverte de cette première composition symphonique :

> « Si nous réunissons toutes ces impressions en une seule, il nous faut admettre que Mahler chef d'orchestre appartient aux premiers de cette profession, mais qu'il n'a rien d'un symphoniste »[25]
>
> ... « nous ne lui serons pas moins reconnaissants de ses efforts accomplis avec succès en tant que directeur d'Opéra et nous aimerions toujours le voir derrière son pupitre, à condition qu'il ne dirige pas ses propres compositions ».

Il est difficile d'être plus explicite et dévastateur.

Mahler vient d'arriver à Budapest comme directeur de l'Opéra et il connait aussitôt un succès considérable en dirigeant notamment Richard Wagner qu'il apprécie beaucoup (« L'Or du Rhin », « La Walkyrie »...). Si le chef d'orchestre est bien accueilli, le constat est qu'il n'en est pas du tout de même pour le jeune compositeur.

Toujours trop en avance sur son temps, il ne cessera de choquer une grande partie de son public. Après les critiques hongroises, se fait entendre la presse viennoise

---

[24] Gustav Mahler, par Henry-Louis de La Grange, Fayard, Chronique d'une vie, Tome I, 1979, Préface de Pierre Boulez, pages 309-310.

[25] Gustav Mahler, par Henry-Louis de La Grange, Fayard, 1979, Chronique d'une vie, Tome I, Préface de Pierre Boulez, page 310.

qui n'est guère plus tendre : on le considère comme fou ou illusionniste, notamment à travers de nombreuses caricatures souvent de très mauvais goût.

La première symphonie sera réécrite plusieurs fois mais à chaque nouvelle adaptation l'accueil restera plus que réservé...

I.3.3. La deuxième symphonie (1888-1894 création 1895). Œuvre grandiose d'inspiration surprenante

Mahler ne se décourage nullement face à ce déchainement de critiques négatives auxquelles il s'attendait et, dès 1988, poursuit sa seule véritable vocation en commençant l'écriture de sa deuxième symphonie « RESURRECTION ». Il ne l'achèvera qu'en 1894.

Cette composition magnifique est très révélatrice de la manière dont Mahler conçoit une symphonie : elle est gigantesque par les moyens musicaux mis en œuvre, les thèmes retenus, l'inspiration du Finale qui tient d'une sorte de miracle, l'unité harmonieuse de la composition pourtant écrite bien laborieusement pendant plus de six ans.

Mahler décide d'introduire le chant dans la forme symphonique habituelle, fasciné par la voix s'intégrant dans un orchestre, contrairement à bon nombre de musiciens de l'époque. Ce choix mahlérien sera poussé au paroxysme dans sa huitième symphonie.

L'œuvre a été construite de façon très originale : il pense tout d'abord à écrire un poème symphonique sur le thème de la mort et appelle son projet « Todtenfeier » (« Funérailles »). Le sujet est sombre. Dans un premier temps, il compose rapidement les trois premiers mouvements. Le premier est une marche funèbre. Le deuxième évoque des souvenirs heureux de la vie du défunt. Le troisième, très lugubre, est un cri de désespoir, dans la perte de la foi et le doute face à Dieu.

Ensuite, Mahler attendra cinq ans avant de poursuivre l'écriture de l'œuvre. Il songe à écrire deux autres mouvements dont un Finale grandiose mais aucun texte ne lui convient. Il est dans une sorte d'impasse.

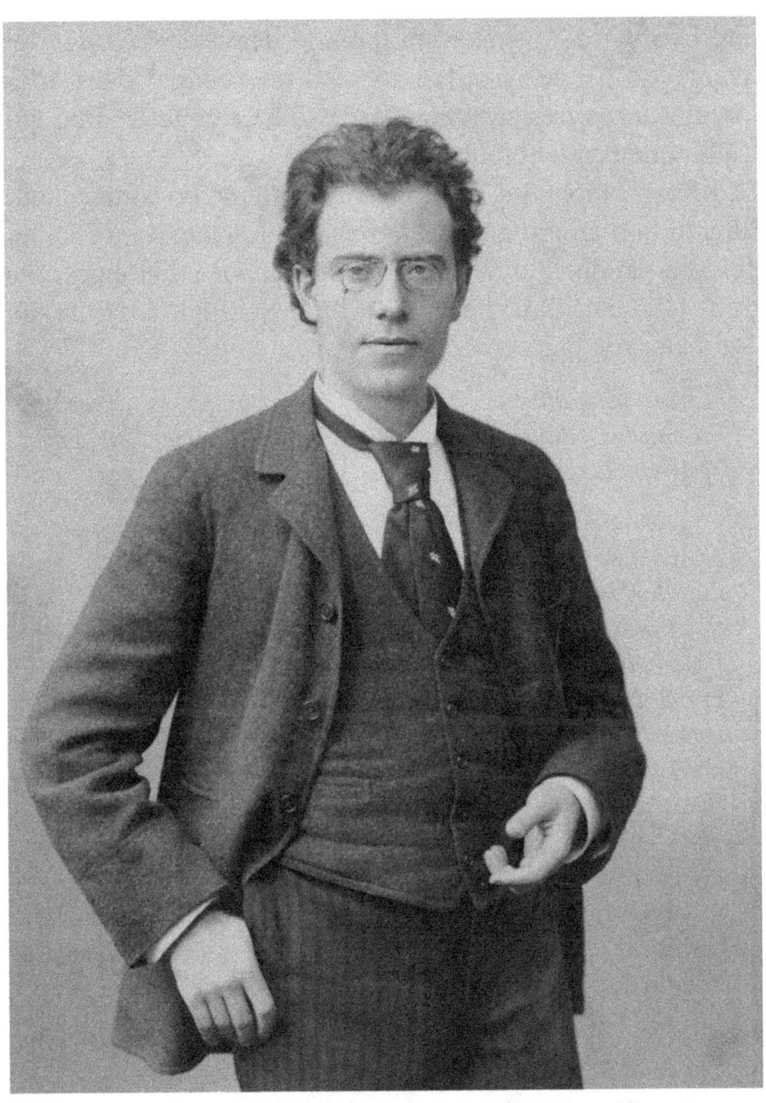

Gustav Mahler pendant l'écriture de la deuxième symphonie

(photo prise en 1892)

Six années s'écouleront après le début de l'écriture et avant qu'il ne trouve tout d'un coup, dans des circonstances très surprenantes, la clé de cette énigme qui l'a bloqué pendant tout ce temps.

L'inspiration qui éclaire brusquement le compositeur illustre la manière pour le moins surprenante dont Mahler élabore ses chefs d'œuvre. En voici la narration éloquente qu'il fait au critique berlinois Arthur Seidl (1863-1928) en évoquant son dernier mouvement :

> *« J'ai véritablement cherché dans toute la littérature mondiale, Bible y compris, pour trouver la parole rédemptrice... »*[26]

> *« La manière dont j'ai reçu l'inspiration pour ce Finale est tout à fait significative en ce qui concerne l'essence de la création musicale. Je portais en moi depuis longtemps l'idée d'introduire un chœur dans le dernier mouvement et seule l'inquiétude de passer pour un imitateur servile de Beethoven m'avait fait hésiter. A cette époque, Bülow est mort et j'ai assisté à sa cérémonie funèbre. L'atmosphère, la circonstance dans laquelle je me trouvais et les pensées que je dédiais au disparu correspondaient étroitement à l'œuvre que je portais alors en moi. Tout à coup le chœur, avec accompagnement à l'orgue, a entonné le choral de Klopstock, Auferstehn (« Ressusciter »). Ce fut comme un éclair qui me traversa, la lumière jaillit dans mon âme. Tel est l'éclair qu'attend le créateur, telle est l'inspiration sacrée ! »* [27].

> *« Ce moment vécu, je devais le recréer par des sons. Cependant, si la gestation de cette œuvre n'avait pas été en moi, comment cet événement aurait-il pu me secouer ainsi ?... C'est ainsi que les choses agissent en moi : c'est*

---

[26] Mahler, par Marc Vignal, Editions du Seuil, 1966, page 54.

[27] Gustav Mahler, par Henry-Louis de La Grange, Chronique d'une vie, Tome I, Préface de Pierre Boulez, Fayard, 1979, page 451.

uniquement lorsque j'éprouve que je crée et inversement, c'est lorsque je crée que j'éprouve » [28].

Tout est dit dans cette explication lumineuse de l'essence de la création artistique, telle que l'a vécue Mahler et qu'il percevra à nouveau de façon aussi spectaculaire dans la conception de la première partie de sa huitième symphonie.

La Grange fera ce commentaire :

« Ainsi Mahler commence-t-il à se considérer, lorsqu'il compose, comme un voyant, un élu du ciel, d'où l'inspiration lui parvient dans les moments cruciaux sous la forme d'une révélation mystique »[29].

Ce Finale, cinquième mouvement, introduit une grande espérance faisant suite aux préoccupations noires de la mort du début de la symphonie : la proclamation de la « RESURRECTION ». Mahler écrit alors un quatrième mouvement établissant une liaison entre les trois premiers mouvements et ce Finale. Il choisit le thème de la renaissance de la foi.

Restait encore au compositeur à trouver un fil conducteur pour l'ensemble de sa deuxième symphonie. Il retient l'idée du parcours d'un personnage principal (« le héros de TITAN »)[30], illustré par chacun des cinq mouvements, dans un enchainement qui devient naturel.

Cette fois tout est construit.

---

[28] Gustav Mahler tel qu'en lui-même, par Philippe Chamouard, Editons Connaissances et Savoirs, 2006, pages 122-123, lettre de Mahler du 17 février 1897.

[29] Gustav Mahler, par Henry-Louis de La Grange, Fayard, 1979, Chronique d'une vie, Tome I, Préface de Pierre Boulez, page 451.

[30] « C'est le héros de ma symphonie en ré que je mène au tombeau » : lettre de Mahler à Max Marschalk, du 26 mars 1896 : Mahler, par Marc Vignal, Editions Seuil, 1966, page 55.

L'architecture de l'œuvre, d'une grande cohérence, pourrait laisser croire qu'elle a été conçue dans la facilité par l'artiste. Et pourtant, c'est la symphonie que Mahler a eu le plus de difficulté à finaliser pendant de longues années. D'une situation confuse, décousue, le génie Mahler construit une véritable cathédrale d'une grande harmonie…

Pour ses premières symphonies, Mahler écrivait lui-même un programme destiné à éclairer ses seuls proches. Voici les commentaires qu'il a rédigés[31] pour expliquer le sens de cette deuxième symphonie :

1. premier mouvement : « *la mort du héros : pendant les funérailles d'un homme aimé, se posent les grandes questions sur le sens de la vie, de la mort…* » :

Que réserve l'avenir ? Quelle est donc cette vie et cette mort ?

Y aura-t-il pour nous une survie ? Est-ce que tout cela n'était donc qu'un rêve vide et absurde ? Ou bien est-ce que cette vie et cette mort auraient un sens ? Telles sont les questions auxquelles il faut répondre si nous devons continuer de vivre.

Pendant ce premier mouvement grandiose dont le début est marqué de solennité, l'orchestre se déchaine par moment d'une manière violente, stridente qui rend dramatique cette marche funèbre très impressionnante. Elle se termine par une sorte de chute brutale.

Dans sa partition, Mahler indique qu'il faut respecter « une pause d'au moins cinq minutes » entre le premier mouvement et le deuxième[32].

---

[31] Mahler en écrivit quatre versions peu différentes les unes des autres.

[32] Mahler, par Marc Vignal, Editions du Seuil, 1966, page 56, lettre de Gustav Mahler du 25 mars 1903.

2. deuxième mouvement : « *souvenirs de la jeunesse du héros :* un moment heureux de la vie du cher disparu et un souvenir nostalgique de sa jeunesse et de son innocence perdue ».

Après la tempête du mouvement précédent, la douceur domine mais par moment l'orchestre se fait entendre pour revenir ensuite à la douceur.

3. troisième mouvement *: « négation et désespoir* : « l'ami doute de lui-même et de Dieu. »

L'esprit de l'incrédulité, de la négation s'est emparé de lui, il regarde la mêlée des apparences et, avec le cœur pur de l'enfance, il perd l'appui solide que l'amour seul apporte. Le monde et la vie lui paraissent comme une fantasmagorie confuse. Le dégoût de toute existence et de tout devenir le saisit comme un poing d'acier et le tourmente jusqu'à lui faire pousser un grand cri de désespoir.

Ce mouvement est un scherzo s'inspirant de la mélodie d'un Lied de Mahler[33], « Le Prêche de Saint Antoine de Padoue aux poissons » (« *Des Antonius von Padua Fischpredigt »)*, faisant partie du recueil « « Wunderhorn Lieder » (« Lieder du Cor enchanté »).

Mahler a qualifié ce moment de grande intensité dramatique de ce troisième mouvement tantôt de « cri de désespoir » tantôt de « cri de mort ». Suit un passage léger qui introduit le mouvement suivant et son message d'espérance.

---

[33] Mélodie composée par Mahler pour son poème N° 7 des « Wunderhorn Lieder » (« Lieder du Cor enchanté » - « Humoresques ») : voir point 6 de cette première partie : « Les principales sources littéraires des textes chantés ».

4. quatrième mouvement : « foi naïve et confiance entière en Dieu : « je viens de Dieu et je retournerai à Dieu ! Le Dieu d'amour me donnera la lumière, il m'éclairera le chemin jusqu'à la félicité éternelle ».

Pour la première fois dans l'œuvre de Mahler, la voix (une soprano) se mêle à l'orchestre dans le quatrième mouvement. Règne une grande douceur pathétique, la voix et la musique se fondant en une harmonie touchante, évoquant une lumière divine qui accueille le défunt.

Mahler a demandé que la soprano « chantât comme un enfant au paradis ». La voix humaine occupe le premier plan, soutenue notamment par une sorte de fanfare douce et contenue.

Voici le texte choisi par Mahler, « Urlicht » (« Lumière originelle ») qu'il a mis en musique[34]. Il est extrait du même recueil des « Wunderhorn Lieder » (« Lieder du Cor enchanté »), dont suit le contenu :

> « Oh petite rose rouge ! L'Homme gît dans la détresse ! L'Homme gît dans la douleur ! J'aimerais plutôt être au Ciel.
>
> Je suis arrivé sur une large route : un angelot est venu qui voulait m'en détourner.
>
> Ah non ! Je ne m'en laisserai pas détourner ! Je viens de Dieu et veux retourner à Dieu !
>
> Le Dieu bien-aimé me donnera une petite lumière qui m'éclairera jusqu'à la bienheureuse vie éternelle ! ».

L'ambiance est divine.

---

[34] Mélodie composée par Mahler pour son poème N° 6 des « Wunderhorn Lieder » (« Lieder du Cor enchanté » - « Humoresques ») : voir point 6 de cette première partie : « Les principales sources littéraires des textes chantés ».

5. cinquième mouvement *LA RESURRECTION : « après une vision d'apocalypse terrifiante, l'Esprit éternel approche et* le chœur céleste des bienheureux doucement résonne :

« Résurrection ! Oui tu vas ressusciter ! ». C'est alors que paraît la splendeur divine. Une douce et merveilleuse lumière nous pénètre jusqu'au cœur ».

« Tout est calme et heureux. Et voici qu'il n'y a plus ni justice, ni pécheurs ni justes, ni grands ni petits, ni châtiment ni récompense ! Un sentiment tout-puissant d'amour nous remplit de certitude et nous révèle l'existence bienheureuse ».

Ce mouvement est le plus long (environ trente minutes, la symphonie durant une heure trente). Il est composé de deux parties, la première, orchestrale, marquée par l'apaisement et l'autre, d'une grande douceur, avec solistes, chœurs et orchestre.

Le mouvement se termine par un des sommets de l'œuvre mahlérienne : se mêlent les voix d'une soprano, une contralto, un chœur d'hommes, de femmes, d'enfants (filles et garçons) portées merveilleusement par une musique douce qui va aller crescendo jusqu'à la fin monumentale où arrive même à se faire entendre un orgue, au milieu d'un déchainement des cuivres (10 cors, 10 trompettes, 4 trombones, 1 tuba contrebasse), des percussions (7 timbales, 2 grosses caisses, 2 cymbales, 2 tam-tams, 2 triangles, 1 glockenspiel, 1 carillon tubulaire), des cordes (premiers violons, seconds violons, altos, violoncelles, contrebasse, harpes) et des bois (1 piccolo, 4 flûtes, 4 hautbois, 3 clarinettes, 2 clarinettes, 3 bassons, et 1 contrebasson).

Tout à la fin, les deux solistes chantent à l'unisson avec les chœurs, ce qui augmente encore le côté grandiose et harmonieux de ce Finale.

Dans sa partition, Mahler indique que certains instruments doivent se trouver en coulisse pour créer un écho.

Voici une illustration qui montre que le compositeur Mahler n'hésite pas à s'occuper de tout, et au niveau du détail si nécessaire : pour le dernier mouvement, il a besoin « de sons de cloches qu'aucun instrument ne peut exécuter. Je pensai que seul un fondeur de cloches pourrait me venir en aide. Je finis enfin par en trouver un »[35].

Au petit matin, Mahler prend un train et traverse une forêt sous la neige. Il réalise alors que

> « l'homme redevient libre et heureux aussitôt qu'il s'arrache à la vie factice et agitée de la grande ville pour retourner dans la calme demeure de la nature »[36].

Il est accueilli par un vieux monsieur, le fondeur, qui lui réserve un accueil qui le touche et trouve une cloche qui lui convient.

> « Le chemin de retour fut à nouveau merveilleux »[37].

Suit un extrait du texte du chant repris pour partie de l'ode *« Auferstehn » (« Ressusciter »)* de Friedrich Gottlieb Klopstock et partiellement réécrit par Mahler lui-

---

[35] Gustav Mahler, par Philippe Chamouard, Editions Connaissances et Savoirs, 2006, pages 124-125

[36] Gustav Mahler, par Philippe Chamouard, Editions Connaissances et Savoirs, 2006, pages 124-125

[37] Gustav Mahler, par Philippe Chamouard, Editions Connaissances et Savoirs, 2006, pages 124-125

même souhaitant selon son habitude traduire au mieux sa pensée :

« Tu ressusciteras, oui, tu ressusciteras, ma poussière, après un court repos. La vie éternelle te sera donnée par Celui qui t'as appelée.

…

Tu as été semée pour fleurir de nouveau ! Le Seigneur de la moisson marche à grands pas. Oh, crois, mon cœur, crois : rien ne sera perdu pour toi ! Ce que tu as désiré est à toi ! Oh, crois : tu n'es pas née en vain ! Tu n'as pas souffert pour rien !

À toi, ce que tu as aimé, ce pour quoi tu t'es battue ! Avec les ailes que j'ai gagnées, je m'élèverai ! Je mourrai pour vivre ![38]

…

Prépare-toi à vivre. Oh, douleur Toi qui pénètres tout, je suis délivrée de toi. Oh, mort ! Toi qui conquiers tout, tu es vaincue enfin !

…

Tu ressusciteras oui tu ressusciteras en un clin d'œil. Ce que tu as enduré te portera vers Dieu. »

De son Finale, Mahler fera cette constatation :

« Le Finale est grandiose et se termine par un chœur dont j'ai moi-même écrit le poème……le crescendo de la fin est colossal. »

Pour lui, cette symphonie a été composée sous l'emprise « d'une force venue d'ailleurs » qui le soulève.

---

[38] C'est Mahler qui a ajouté cette annotation dans le texte de Klopstock : "Je mourrai pour vivre !"

C'est donc la messe de funérailles du compositeur allemand Hans von Bülow (1830-1894) qui a été un révélateur pour Mahler. Il est assez savoureux de relater la rencontre des deux compositeurs en 1891, Mahler voulant avoir l'avis du Maître allemand, très renommé, sur sa composition en cours. Il joue sa partition au piano devant von Bülow dont la réaction ne se fait pas attendre, comme le relate Henry-Louis de La Grange :

> *« Bülow reçoit Mahler à la fin septembre et, alors que le jeune compositeur joue au piano sa composition* Todtenfeier, il se *bouche les oreilles et finit par déclarer : "Si ce que j'ai entendu là est de la musique, alors je ne comprends plus rien à la musique ! »*[39].

Très déçu, Mahler fait ce commentaire à Richard Strauss, avec l'humour et le réalisme qui le caractérisent : « Il y a une semaine, Bülow a failli rendre l'âme pendant que je lui jouais une de mes œuvres… » « Eh, mon Dieu ! l'histoire du monde pourra bien se poursuivre sans mes œuvres… »[40]

Malgré ce premier contact pour le moins rugueux, Mahler garde toute son admiration pour le grand compositeur et assiste donc en 1894 à sa messe de funérailles pour lui rendre un dernier hommage.

Une première création partielle (trois premiers mouvements) est assurée par le même Richard Strauss en mars 1895 à Berlin. Mahler écrira alors :

> « L'effet est d'une grandeur incroyable. Si j'exprimais tout ce que je pense de cette œuvre, j'aurais l'air présomptueux… Elle semble venir d'un autre monde et je

[39] Gustav Mahler, par Henry-Louis de La Grange, Fayard, 2007, page 82.

[40] Idem, page 82.

> crois que personne ne pourra échapper à son pouvoir. On sera comme projeté à terre par un coup de massue et emporté ensuite vers les hauteurs sur les ailes d'anges »[41].

Un peu avant la création de la symphonie complète qui a eu lieu en décembre 1895 à Berlin, sous la direction du compositeur, celui-ci découvre, au cours d'une répétition, son œuvre intégrale et ne peut cacher son enthousiasme :

> « Hier, pour la première fois, tout est devenu son. Le résultat est bien au-delà de ce que j'espérais. Les musiciens étaient à ce point émus et enthousiastes qu'ils ont su d'eux-mêmes trouver la bonne interprétation…L'ensemble est grandiose et d'une profondeur jamais entendue »[42].

A la fin du concert de création, l'accueil du public est chaleureux mais celui-ci est peu représentatif dans la mesure où il s'agit pour la plupart d'invités de dernière minute pour remplir la salle dont les réservations payantes étaient très peu nombreuses…

Une fois de plus, la presse berlinoise est particulièrement négative. Ainsi ces critiques :

> « la cynique impudence de ce brutal faiseur de musique ultra-moderne » … « son mépris de toutes les limites assignées à l'art »…[43]

Imperturbable, Mahler poursuit alors une réécriture de « TITAN ».

La première représentation de la deuxième symphonie, en dehors de l'Allemagne, a été donnée à Liège en 1898, sous la baguette de Sylvain Dupuis. L'œuvre reçoit un très

---

[41] Gustav Mahler, par Philippe Chamouard, Editions Connaissances et Savoirs, 2006, page 125.

[42] Idem, page 125.

[43] Gustav Mahler, par Henry-Louis de La Grange, Fayard, 2007, page 111.

bon accueil. L'année suivante, Mahler la dirigera dans la même ville, une première en dehors du monde germanique.

Mahler éprouvait une affection particulière pour cette symphonie et l'aurait dirigée treize fois. Il l'a choisie pour son mémorable concert d'adieu à Vienne pour marquer la fin de son règne sans partage de dix ans comme directeur de l'Opéra. Sa deuxième symphonie fut aussi celle qu'il inscrira au programme de son concert inaugural à New York, en 1908.

C'est également cette deuxième symphonie qu'il dirigera en première à Paris le 17 avril 1910. Le compositeur était persuadé que sa musique ne serait jamais acceptée en France tant qu'on n'y aurait pas entendu sa deuxième symphonie. A la découverte de cette symphonie, l'accueil du public parisien est positif. Quant aux critiques de la presse, elles sont partagées entre admiration et scepticisme.

D'après Alma Mahler, Claude Debussy affichera ostensiblement sa désapprobation en quittant la salle de concert au milieu du deuxième mouvement[44].

Le musicologue, musicien et philosophe allemand Theodor W. Adorno (1903-1969) fera ce commentaire sur cette attitude de Claude Debussy, en imaginant sa réaction lorsqu'il a découvert sa troisième symphonie :

> « la troisième symphonie de Mahler a dû faire sur lui le même effet que les tableaux du Douanier Rousseau font au milieu des Impressionnistes du Jeu de Paume »[45].

---

[44] Mahler Mémoires et correspondance, par Alma Mahler, JC Lattès, 1980, préface de Henry-Louis de La Grange, page 151.

[45] Mahler une physionomie musicale, par Theodor W. Adorno, 1960, traduit de l'allemand et présenté par J.L. Leleu et T. Leydenbach, Les Editions de Minuit, 1976, page 36. Dans ce livre, T. W. Adorno veut rendre un hommage à Mahler et cherche à mettre en évidence le contenu spirituel de sa musique.

Au fil des années le monde musical français a lui aussi intégré sans réserve la musique de Mahler dans son répertoire.

A titre d'illustration, la deuxième symphonie a été jouée les 24 et 25 mai 2017, à la Philharmonie de Paris, sous la baguette de Daniel Harding, jeune et brillant directeur musical de l'Orchestre de Paris (2016-2019). Les deux concerts ont rencontré un très grand succès.

Cette deuxième symphonie a été interprétée avec brio dans la Grande Salle du Concertgebouw d'Amsterdam, en 2016, sous la direction de Daniele Gatti. Il en est de même à Barcelone dans le Palais prestigieux de la Musique Catalane (classé au Patrimoine Mondial de l'Unesco) avec l'Orchestre Symphonique de Munich, dirigé par Gustavo Dudamel. Les « BBC PROMS » ont affiché dans leur programme cette deuxième symphonie en 2011, 2012, 2018. Elle est également programmée pour 2020. Le concert de 2011 a été dirigé par Gustavo Dudamel, à la tête du Simón Bolívar Symphony Orchestra of Venezuela, avec Miah Persson, soprano suédoise, et Anna Larsson, contralto également suédoise. Ce n'est évidemment pas une surprise que cet excellent chef Dudamel se soit retrouvé à la tête de cet orchestre, étant lui-même de nationalité vénézuélienne.

De ses deux premières symphonies Mahler confiera ces mots touchants à son amie Natalie Bauer-Lechner :

> « Mes deux symphonies épuisent la substance de toute ma vie. J'y ai introduit ce que j'ai expérimenté et souffert, elles sont la vérité et la poésie traduites en sons. A celui qui

saurait me lire correctement, ma vie devrait paraître aussitôt transparente »[46].

Cette phrase met en évidence avec une grande clarté une des belles qualités de Gustav Mahler : sa sincérité. Il livre aux autres tout son être.

Il confie également à son amie :

« La conception et la création d'une œuvre sont mystiques d'un bout à l'autre »[47].

C'est durant la composition de sa deuxième symphonie que Gustav Mahler va nouer une longue et belle relation d'amitié avec cette musicienne viennoise talentueuse, Natalie Bauer-Lechner (1858-1921), que nous venons de citer. Elle aura des contacts privilégiés avec Mahler de 1890 à mi-1902. Cette violoniste (altiste) relate ses nombreuses rencontres et longues discussions avec le compositeur dans l'ouvrage de qualité qui vient d'être cité en référence. Il apprend beaucoup sur Gustav Mahler. Elle l'admire et a pu partager avec lui une relation qui aurait pu, dans l'esprit de l'un et de l'autre, aboutir au mariage. Cette période de plus de onze ans est importante pour Mahler qui s'interroge alors sur son métier de jeune compositeur et en parle très librement à cette musicienne qui a toute sa confiance.

Elle est sans doute la première à avoir perçu le génie du compositeur Mahler qui, critiqué alors de toutes parts, se pose, très lucide, durant cette période beaucoup de

---

[46] Gustav Mahler tel qu'en lui-même, par Philippe Chamouard, Editions Connaissances et savoirs, 2006, page 126, lettre à Natalie Bauer-Lechner.

[47] Souvenirs de Gustav Mahler, Mahleriana, par Natalie Bauer-Lechner, traduction de l'allemand, introduction et notes par Isabelle Werck, L'Harmattan, 1998, page 33. Titre original : Gustav Mahler In den Errinerungen von Natalie Bauer-Lechner.

questions existentielles. Elle lui a apporté une aide précieuse pendant toutes ces longues années. Leur relation prendra fin très peu de temps après la rencontre du compositeur avec Alma. Son journal intime s'arrêtera à ce moment de déception sentimentale que vit la violoniste.

Une anecdote un peu hors sujet : en novembre 2016, la mise aux enchères de la partition manuscrite de cette symphonie a atteint un record à Londres : 5,32 millions d'euros… Le propriétaire précédent[48], new yorkais, était parmi les plus fervents admirateurs du compositeur qu'il avait découvert lors d'un concert à Carnegie Hall en 1965. Néophyte complet, ce financier s'est dès lors mis en tête de diriger lui-même un orchestre jouant la deuxième symphonie, ce qu'il fit pour la première fois en 1982 après des années d'apprentissage auprès des plus grands chefs du monde. Durant les trois décennies suivantes, cet homme d'affaires a dirigé la symphonie à plus de cent reprises, et jamais aucune autre ! Il est décédé en 2016.

Cette partition originale avait été donnée par Alma Mahler, après la mort de son mari, au chef hollandais Willem Mengelberg, grand défenseur de Gustav Mahler comme nous l'évoquerons plus loin. Il apparait que Mahler continue à fasciner bien longtemps après sa mort

---

[48] Il s'agit de Gilbert Kaplan, homme d'affaires new Yorkais qui, passionné par Gustav Mahler, a créé une FONDATION KAPLAN et une COLLECTION KAPLAN réunissant notamment des photos du compositeur. La Fondation a vulgarisé la partition de la 2ème symphonie sous forme de fac-similé, ainsi que l'Adagietto de la 5ème symphonie et le Lied « Je suis coupé du monde ». Enfin, Kaplan a produit un disque « Mahler plays Mahler » à partir des rouleaux enregistrés par Mahler à Leipzig en 1905, comme nous l'évoquerons plus loin.

et à susciter des vocations pouvant être, comme celle de Gilbert Kaplan, pour le moins originales.

Le mensuel anglais « BBC Music Magazine » a publié dans son numéro de septembre 2016 le « Top 20 » des meilleures symphonies, établi auprès de cent cinquante et un grands chefs d'orchestre. Voici en tête de ce « Top 20 » le résultat éloquent des symphonies considérées comme « les dix plus grandes symphonies de tous les temps » :

1. symphonie « Eroica » de Beethoven
2. 9ème symphonie de Beethoven
3. 41ème symphonie de Mozart
4. 9ème symphonie de Mahler
5. 2ème symphonie de Mahler
6. 4ème symphonie de Brahms
7. symphonie fantastique de Berlioz
8. 1ère symphonie de Brahms
9. 6ème symphonie de Tchaïkovski
10. 3ème symphonie de Mahler.

Dans ce « Top 10 » il y a donc trois symphonies de Mahler, deux de Beethoven, deux de Brahms, une de Mozart, une de Berlioz et une de Tchaïkovski.

Mahler avait raison de dire « mon heure viendra ».

Il apparait que cette deuxième symphonie de Mahler est classée cinquième.

Il est facile de noter que, dans ce classement, huit compositeurs sur dix sont allemands ou autrichiens.

I.3.4. La troisième symphonie (1895-1896 création partielle en 1896 et complète en 1902). La nature introduite dans la composition

Le chef d'orchestre mais désormais aussi directeur d'opéra, toujours surchargé, arrive néanmoins à accélérer l'écriture de nouvelles symphonies : la troisième, en 1895-1896, ainsi que la quatrième, en 1899-1900.

C'est à Steinbach am Attersee, en Haute-Autriche, que Mahler écrit sa troisième symphonie (en ré mineur). Il a loué une auberge avec une vue superbe sur le grand lac Attersee entouré de montagnes. L'endroit lui plaisant tout particulièrement, Mahler a fait construire pour son seul travail de composition une « cabane » (häuschen) donnant sur le lac. L'allure de cette maisonnette montre combien Mahler aime vivre dans la simplicité, l'authenticité, le dépouillement, se tenant à l'écart des artifices mondains. Il ne changera rien à sa façon de vivre quand, dans quelques mois, il sera nommé directeur de l'Opéra de Vienne, devenant alors un personnage très en vue dans la capitale de l'Empire Austro-Hongrois…

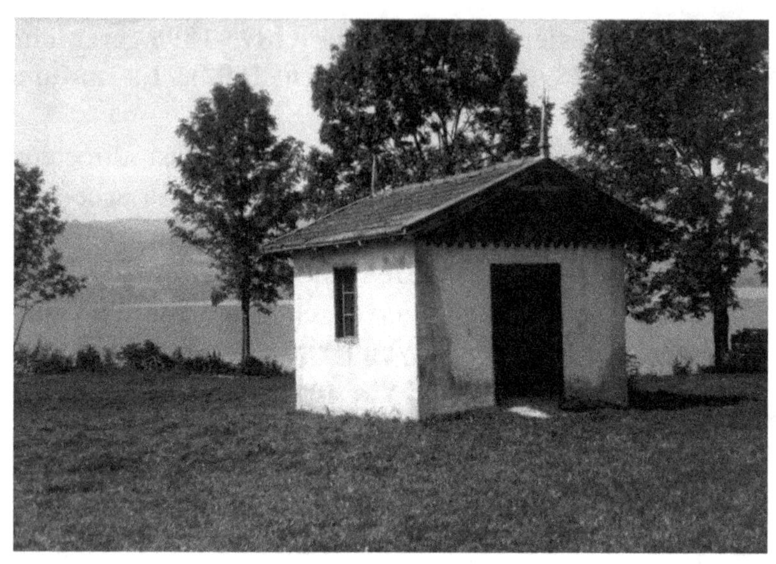

La « cabane » à Steinbach, au bord du lac Attersee

A son brillant élève Bruno Walter venu lui rendre visite et lui témoignant son admiration pour ce site merveilleux qu'il a découvert par bateau, Mahler dira que ces merveilles, auxquelles lui-aussi est tellement sensible, sont déjà dans son œuvre :

> « Ce n'est pas la peine de regarder. J'ai déjà mis tout cela en musique ! »[49]

Mahler aimait qualifier cette troisième symphonie de « tellurique et cosmique ».

Cette symphonie est une ode superbe à la nature et une fresque monumentale de la création de l'homme, en six évocations : les forces minérales, la végétation, les animaux, la naissance de l'homme, les anges, l'amour.

---

[49] Gustav Mahler, par Bruno Walter, Collection Pluriel, 1969 et 1979, Préface de Pierre Boulez, pages 64 et 65.

Mahler reprend l'idée à laquelle il est très attaché : mêler voix et instruments, comme dans sa deuxième symphonie, avec un immense orchestre accompagnant une soprano, un chœur d'enfants (garçons) et de femmes pour entonner un hymne passionné à la création.

Mahler fera de nombreux commentaires sur sa troisième symphonie, démarche rare dont il faut profiter :

> « Cela commence par la Nature inanimée et monte jusqu'à l'amour de Dieu »[50]
>
> « Quand on écrit une œuvre de cette dimension, une œuvre qui reflète la création tout entière, on est pour ainsi dire un instrument dont joue tout l'univers... »[51]
>
> « Ma symphonie sera quelque chose que le monde n'a pas encore entendu. Toute la nature y reçoit une voix et parle d'un secret si profond qu'on ne le pressent peut-être qu'en rêve »[52]
>
> « La meilleure et la plus accomplie de mes œuvres »[53].

Le compositeur précisera que :

> « Il se transporte jusqu'au cœur même de l'existence, là où l'on ressent tous les frissons du monde et ceux de Dieu »[54]
>
> « Elle (sa symphonie) se situe au-dessus du monde de combat et de souffrance de la Première et de la Seconde

---

[50] Gustav Mahler, par Isabelle Werck, collection horizons, 2010, page 60, lettre de Mahler du 26 juin 1896.
[51] Gustav Mahler, par Henry-Louis de La Grange, Fayard, 2007, page 411.
[52] Connaissance de Mahler, par Jean Matter, L'âge d'homme, 1974, Lausanne, page 131, lettre de Mahler du 18 juillet 1896.
[53] Gustav Mahler, par Henry-Louis de La Grange, Fayard, 2007, page 115.
[54] Idem, page 412.

Symphonies. Sa conception n'est que l'aboutissement des deux autres »[55].

Mahler a une vision cosmopolite de l'aventure humaine. La troisième symphonie en est une éloquente illustration. La nature y a toute sa place. Le compositeur fera cet aveu sur la manière dont il voit le monde minéral : pour lui, « peut-être même la moindre pierre » a-t-elle conscience de la réalité universelle…

Ainsi, il livre dans cette symphonie sa vision panthéiste de l'Univers où toute créature à sa place, proclame son amour de la nature dont il se sent si proche, et laisse percevoir un profond mysticisme. Tel est le crédo de Gustav Mahler.

Les six évocations retenues par le compositeur sont reprises chacune dans un mouvement de la symphonie, qu'il qualifie ainsi :

1er mouvement : « Ce que me content les Rochers »

2ème mouvement : « Ce que me content les Fleurs des Prés »

3ème mouvement : « Ce que me content les Animaux de la Forêt »

4ème mouvement : « Ce que me conte la Nuit » (remplacé par « l'Homme » puis « Le chant de minuit »)

5ème mouvement : « Ce que me conte le Coucou » (remplacé par « les Cloches du Matin » puis par « les Anges »)

6ème mouvement : « Ce que me conte l'Amour ».

Ces sous-titres ont finalement été supprimés par le compositeur pour laisser plus de liberté d'interprétation à ses auditeurs. Mais ils ont révélé la proximité que ressent

---

[55] Gustav Mahler tel qu'en lui-même, par Philippe Chamouard, Editions Connaissances et savoirs, 2006 : Natalie Bauer-Lechner, Erinnerungen an Gustav Mahler, Vienne, 1923, page 19.

Mahler avec toute la nature : rochers, fleurs des prés…qui se confient à lui. Comme il vient d'en faire part à Bruno Walter, toute cette belle nature qui l'entoure est déjà introduite dans sa troisième symphonie…

Cette œuvre est la plus longue de Mahler (environ une heure quarante-cinq). Dans l'histoire de la musique, peu de symphonies dépassent cette durée. A lui seul, le premier mouvement dure près de trente-cinq minutes.

Mahler nous plonge au début de ce premier mouvement dans un climat glacial des premiers jours de la Terre. Se font entendre ensuite des fanfares, des airs de carnavals…A nouveau, il n'hésite pas à reconstituer l'univers musical de son enfance. Ensuite, l'atmosphère tellurique reparaît. La fin du mouvement est celle d'une véritable symphonie, marquée d'un crescendo impressionnant qui souligne l'aboutissement de cette première étape minérale, marquée comme le précise Mahler par

> « le vent du sud qui souffle tel une tempête violente …il amène la fertilité …son arrivée se fait sentir au milieu d'un vacarme qui ne cesse de grandir …jusqu'au moment où nous sommes entièrement entourés par un fracas puissant et éblouissant »[56].

> « Ceci s'éloigne tant de ce qui existe déjà, que cela ne peut presque plus s'appeler de la musique, ce n'est plus qu'un bruit de la Nature étrange et monstrueux[57].

[56] Gustav Mahler tel qu'en lui-même, par Philippe Chamouard, Editions Connaissances et savoirs, 2006 : Natalie Bauer-Lechner, Erinnerungen an Gustav Mahler, Vienne, Zurich, 1923, page 46.

[57] Gustav Mahler, par Isabelle Werck, collection horizons, 2010, page 60, lettre de Mahler à Natalie Bauer-Lechner.

Le deuxième mouvement est champêtre, d'une grande douceur qui touche à l'insouciance selon les termes de Mahler lui-même :

> « la chose la plus insouciante que j'ai écrite aussi insouciante que peuvent l'être les fleurs. Cela ondule et se balance en altitude, aussi légèrement et gracieusement que possible, comme les fleurs courbées sur leurs tiges dans le vent »[58].

Le compositeur a retenu la forme d'un menuet.

Toujours plongé dans la nature, le troisième mouvement évoque les animaux dans un univers forestier, avec des notes burlesques et insolites. Ensuite, un crescendo impressionnant des cuivres et des percussions traduit un déchainement de forces astronomiques. On quitte la terre. Ce troisième mouvement reprend des thèmes de « Relève en été » ("Ablösung im sommer")[59], une de ses mélodies de jeunesse qu'aime Gustav Mahler. En étant attentif, on entend un coucou. Mahler rend hommage aux oiseaux qu'il qualifie affectueusement ainsi : « les premiers compositeurs »[60].

Dans le quatrième mouvement, finalement appelé le « Le chant de minuit », l'homme fait son apparition dans ce long processus de création. Pour cette étape essentielle, Mahler reprend un texte, chanté par une soprano, de

---

[58] Souvenirs de Gustav Mahler, Mahleriana, par Natalie Bauer-Lechner, traduction de l'allemand, introduction et notes par Isabelle Werck, L'Harmattan, 1998, page 63.

[59] Mélodie composée par Mahler pour ce poème tiré des « Knaben Wunderhorn » (« Cor enchanté de l'enfant ») : voir point 6 de cette première partie : « Les principales sources littéraires des textes chantés ».

[60] Souvenirs de Gustav Mahler, Mahleriana, par Natalie Bauer-Lechner, traduction de l'allemand, introduction et notes par Isabelle Werck, L'Harmattan, 1998, page 249.

« Ainsi parlait Zarathoustra » de Friedrich Nietzsche (1844-1900), publié de 1883 à 1885. Mahler s'inspire de ce poème monumental à peine dix ans après sa parution, quelques mois avant le décès de Nietzsche. Il est alors très attiré par le philosophe allemand, pianiste et compositeur.

A ce moment, dans toute l'Europe souffle un vent de modernisme : des idées nouvelles bousculent les conservatismes. Nietzsche et Mahler participent, chacun à sa manière, à ce grand courant de bouleversements.

Ecoutons Zarathoustra dans ce « chant de minuit » :

> « Ô homme prends garde ! Que dit minuit profond ? J'ai dormi, j'ai dormi, D'un rêve profond je me suis éveillé. Le monde est profond, Et plus profond que ne pensait le jour.
>
> Profonde est sa douleur. La joie, plus profonde que l'affliction. La douleur dit : Passe et finis !
>
> Mais toute joie veut l'éternité. La profonde, profonde éternité. »

Ensuite, le cinquième mouvement (près de trente minutes) se fait l'écho de trois anges. Une soprano et les chœurs, accompagnés de l'orchestre, chantent le texte du poème « Es sungen drei Engel einen süssen Gesang » (« Trois anges chantaient une chanson douce »)[61] tiré du recueil « Wunderhorn Lieder – Humoresken » (« Lieder du Cor enchanté »).

C'est de fait une douce chanson angélique qui se termine par l'annonce de la joie céleste accordée à l'apôtre Pierre qui se sait pécheur mais se voit accorder par le Christ sa miséricorde. Elle est entamée par le chœur des

---

[61] Neuvième poème des « Wunderhorn Lieder- Humoresken » : voir point 6 de la première partie : Les principales sources littéraires des textes.

enfants qui imitent le son des cloches. Ils sont rejoints par le chœur des femmes et ensuite par la soprano dans un chant court (cinq minutes), accompagné très doucement par l'orchestre :

> Bimm, bamm, bimm, bamm,... Il y avait trois anges qui chantaient une chanson douce,
>
> Qui sonnait joyeusement dans le ciel. Ils se réjouissaient gaiement ensemble
>
> Que Pierre soit délivré de ses péchés. ... Et quand le Seigneur Jésus étant à table pour prendre
>
> Le repas du soir avec ses douze disciples, dit : Tu ne dois pas pleurer comme cela.
>
> « Et je ne devrais pas pleurer, toi, Dieu si bon? J'ai violé les dix commandements.
>
> ...
>
> Aime Dieu seulement en toute occasion, Ainsi tu recevras la joie céleste ! » ... « La joie céleste, la cité bénie ;
>
> La joie céleste, qui n'a plus de fin. La joie céleste a été donnée à Pierre Par Jésus. Et à nous tous pour notre félicité. »

Cette fois, c'est au ciel que nous emmène le sixième mouvement, pour une tendre évocation de l'amour. Le Finale orchestral (sans les voix) est lui-aussi d'une grande douceur. Il dure près de trente minutes. Mahler décide de le traduire par un adagio, ce qui n'est pas habituel pour un dernier mouvement.

Son amie Natalie Bauer-Lechner relate dans ses souvenirs de Gustav Mahler[62] que celui-ci lui a confié pendant une promenade :

> « Dans l'Adagio, tout est résolu dans la paix et dans l'Etre. La roue d'Ixion des apparences s'immobilise enfin... C'est pourquoi je termine ma Troisième à l'encontre des usages sur des adagios, sur une forme supérieure opposée à une forme moins haute ».

Ixion est un personnage de la mythologie grecque qui, par châtiment, est attaché à une roue qui tourne sans fin. Elle représente le monde des apparences. Arrêter cette roue c'est, dans l'esprit de Mahler, sortir du temps pour accéder à l'infini. Le Finale clame le triomphe de l'amour, expression de ce qu'est Dieu pour Mahler.

Ce mouvement est lui aussi marqué par la sérénité divine et tout l'orchestre vibre d'une grande harmonie, les cuivres et percussions, chers à Mahler, se font entendre mais bien plus en douceur que dans d'autres Finale du compositeur. C'est l'amour divin qui domine dans la joie qui n'a plus de fin.

Mahler considérait que sa troisième symphonie devait être « un monde » à elle seule. Et il ajoutait que sa composition était bien un hymne à la nature dans tout ce qu'elle a « de grand, de terrifiant aussi bien qu'aimable ».

En 1896 Richard Strauss écrira un poème symphonique « Ainsi parlait Zarathoustra » inspiré du même ouvrage de Nietzche, dont le début a été immortalisé en 1968 par le film visionnaire de Stanley Kubrick, « 2001, l'Odyssée de l'Espace ». S'il s'est inspiré du texte, Strauss prend

---

[62] Ouvrage déjà cité en référence : Souvenirs de Gustav Mahler, Mahleriana, par Natalie Bauer-Lechner, traduction de l'allemand, introduction et notes par Isabelle Werck, L'Harmattan, 1998.

quelque distance par rapport à l'auteur, en soulignant que son poème est

> « Librement composé d'après Friedrich Nietzsche ».

C'est à peu près au même moment que Gustav Mahler écrit le quatrième mouvement de sa troisième symphonie dont les paroles chantées sont aussi reprises de « Ainsi parlait Zarathoustra ».

L'un des deux compositeurs a-t-il donné l'idée à l'autre ? Peu importe, l'un et l'autre manifestent de la sorte leur admiration pour cet immense philosophe qu'est Nietzsche.

Comme pour les deux premières symphonies, Mahler prévoit la réaction sceptique et négative du public :

> « Une fois encore, je ne gagnerai pas un sou avec ma Troisième Symphonie car les gens ne comprendront rien ».

Une première création d'une partie de la troisième symphonie a été dirigée par le chef hongrois Arthur Nikish (1855-1922) à Berlin, le 9 novembre 1896 : elle s'est limitée au deuxième mouvement (« Ce que me content les Fleurs des Prés »), en présence de Mahler, au fond de la salle, s'attendant sans doute aux sifflets habituels en fin de concert.

Contre toute attente du compositeur, elle a remporté un grand succès tant auprès du public que de la critique. Une vraie première pour Gustav Mahler, le premier surpris. Il devra se lever, traverser toute la salle, et saluer plusieurs fois un public chaleureux[63]. Même succès à Hambourg, un mois plus tard, sous la direction du chef autrichien Felix Weingartner (1863-1942). Mahler, à nouveau présent,

---

[63] Gustav Mahler, par Henry-Louis de La Grange, Chronique d'une vie, Tome I, Préface de Pierre Boulez, Fayard, 1979, page 591.

apparaît sur scène à la fin du concert pour remercier une salle en délire…[64].

La critique, pour une fois, est élogieuse :

> « un Menuet exquis » … « une musique pure » … « des idées qui s'y enchainent avec bonheur »…[65]

Quant à Mahler, il dirigera pour la première fois une partie de la troisième symphonie en 1897 à Berlin (2ème, 3ème, 6ème mouvements), accueillie… sous les sifflets (les voilà de retour) et ensuite avec le déchainement des critiques négatives de la presse berlinoise… :

> « tragi-comédie »… « compositeur farceur »… « comédien en musique »…[66]

C'est donc à nouveau un accueil bien mitigé que reçut cette symphonie lors de sa première exécution partielle par le compositeur.

A ce moment (mars 1897), Mahler part pour une première tournée internationale, en passant d'abord par Berlin, pour ensuite découvrir Moscou où il dirige un concert (cinquième symphonie de Beethoven), revient à Munich pour un nouveau concert et repart pour Budapest, en s'arrêtant à Vienne prendre des nouvelles de sa possible nomination à l'Opéra impérial. Celle-ci vient d'être annoncée.

Nommé à l'Opéra de Vienne, il donne un concert d'adieu en avril à Hambourg, où il sera resté sept ans, et, à la fin, « revient saluer une soixantaine de fois »[67].

---

[64] Gustav Mahler, par Henry-Louis de La Grange, Chronique d'une vie, Tome I, Préface de Pierre Boulez, Fayard, 1979, page 592.

[65] Idem, pages 592-593.

[66] Gustav Mahler, par Henry-Louis de La Grange, Fayard, 2007, page 415.

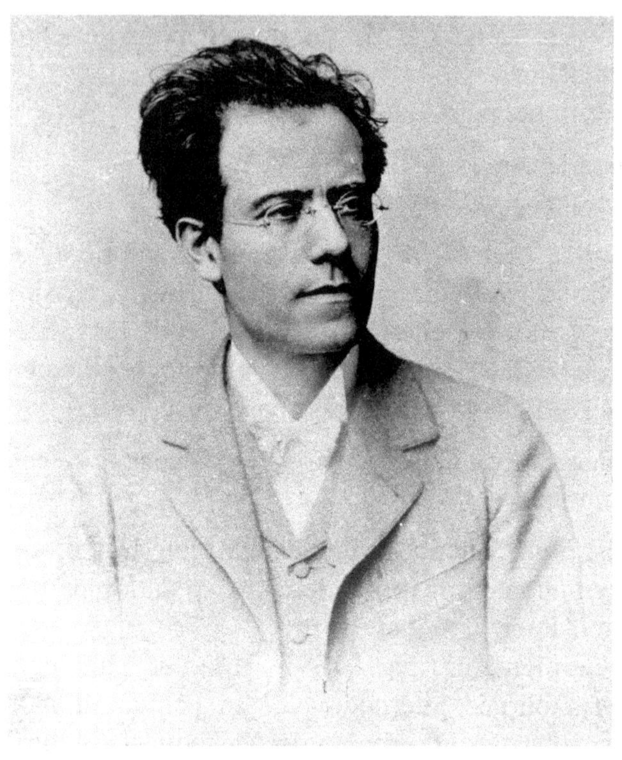

Gustav Mahler en 1898 à Vienne où il vient d'être nommé à 37 ans Directeur de l'Opéra

La création de la troisième symphonie complète aura lieu le 9 juin 1902, à Krefeld (en Allemagne), sous la direction du compositeur. Elle aura un accueil chaleureux :

> « Après une première ovation à l'issue du premier mouvement, l'enthousiasme atteint son paroxysme à la fin

[67] Gustav Mahler, par Henry-Louis de La Grange, Fayard, 2007, page 124.

du concert : le public est debout, Mahler est rappelé une douzaine de fois ! »[68].

Et pour la première fois, la presse sera également très élogieuse. Le succès est donc total. Ce concert fera évidemment date, en particulier dans l'esprit du compositeur qui, toujours très réaliste, pense que cette réussite n'est que provisoire et que de nouveaux combats rudes devront encore être menés. Ce sera le cas.

Mais attardons-nous sur ce moment réconfortant pour Mahler qui va marquer un tournant important dans la suite de sa carrière. Dans la salle, il y a Richard Strauss et surtout sa jeune épouse Alma (leur mariage a eu lieu trois mois avant) qui déclare, « plongée dans une agitation incroyable »[69] avoir acquis la certitude que son mari est

« grand et génial »...et « elle jure de ne plus jamais vivre que pour lui »[70].

En 1903, Mahler dirigera la première néerlandaise à Arnhem. Il donnera le même concert cinq jours plus tard à Amsterdam, avec le Concertgebouw Orchestra. L'accueil du public hollandais est enthousiaste.

La première américaine aura lieu en 1914 à Cincinnati, sous la baguette du chef autrichien Ernst Kunwald (1868-1939). Et la première new-yorkaise en 1922, avec le New York Philharmonic dirigé par le chef hollandais Willem Mengelberg (1871-1951) qui a assisté, très impressionné, à la création de la troisième symphonie à Krefeld.

---

[68] Gustav Mahler, par Henry-Louis de La Grange, Fayard 2007, page 210.

[69] Gustav Mahler, par Henry-Louis de La grange, Fayard, 2007, pages 210-211.

[70] Idem , page 211.

Cette grande symphonie a été magistralement interprétée par de nombreux chefs, notamment par Leonard Bernstein en 1962 avec le New York Philharmonic et la mezzo-soprano américaine Martha Lipton, Claudio Abbado en 1982 avec l'Orchestre Philarmonique de Vienne et la soprano américaine Jessye Norman. Le même chef Abbado la dirigera au Festival de Lucerne en 2007 avec le Lucerne Festival Orchestra et la contralto suédoise Anna Larsson.

Cette symphonie a été programmée à la Philharmonie de Paris les 12 et 13 décembre 2019, sous la baguette du chef finlandais Esa-Pecca Salonen.

Comme signalé plus haut, la troisième symphonie a été classée 10ème des « dix plus grandes symphonies de tous les temps » dans l'enquête réalisée en 2016 par le « BBC Music Magazine ».

I.3.5. La quatrième symphonie (1899-1900 création 1901). Du paradis terrestre à la vie céleste

Quant à la quatrième symphonie (en sol majeur pour soprano solo et orchestre), d'une durée d'un peu moins d'une heure, Mahler l'a structurée en quatre mouvements, en partant du quatrième et le complétant par les trois premiers.

C'est une œuvre légère, bucolique dont le premier mouvement commence joyeusement avec des grelots qui se répéteront régulièrement, accompagnés de flûtes, hautbois, cordes…Suivent des évocations de danses villageoises, de valses…Tous ces airs sont pleins de gaité.

Dans le deuxième mouvement, un violon mal accordé évoque le diable conduisant un bal. C'est un côté rustique qui n'est pas pour déplaire à Mahler. Le violon continuera à se faire entendre jusqu'à la fin du mouvement, toujours dans une disgrâce diabolique. La tonalité est presque comique, ce qui n'est pas fréquent chez Mahler : les symphonies créées par la suite seront de tonalités sombres et dramatiques. Profitons donc de cette ambiance légère qui va s'évaporer bientôt…

Le troisième mouvement « Ruhevoll » (« Poco adagio ») mérite une attention particulière : il est empreint d'une merveilleuse mélancolie romantique, exprimée surtout par les cordes. C'est un passage parmi les plus touchants de toute l'œuvre de Mahler. L'« Adagietto » de la cinquième symphonie, devenu la page musicale mythique de Mahler, grâce à Visconti, ne sera pas sans rappeler l'ambiance de ce magnifique troisième mouvement sans doute moins connu. Ces deux pièces superbes donnent une image douce d'une des facettes les plus riches du tempérament de Mahler : une sensibilité pleine de délicatesse. Mahler dira de ce mouvement « Ruhevoll » qu'il estime avoir réussi

> « les plus grands mélanges de couleur qui aient jamais existé »[71].

Ce troisième mouvement nous amène de façon merveilleuse à la « Vie céleste », le Finale. Mahler mêle à nouveau la voix d'une soprano solo à l'orchestre. Dans ce quatrième mouvement, la soprano nous conduit au ciel pour découvrir avec humour cette « Vie céleste » dont voici une partie du texte puisé à nouveau dans le recueil allemand « Des Knaben Wunderhorn »[72] (« Le Cor

---

[71] Gustav Mahler, par Henry-Louis de La Grange, Chronique d'une vie, Tome I, Préface de Pierre Boulez, Fayard, 1979, page 897.

[72] Poème mis en musique par Mahler, extrait du recueil « Des Knaben Wunderhorn » : voir le point 6 de cette première partie : « Les principales sources littéraires des textes chantés ». Ce sera le 13e poème que Mahler ajoutera aux 12 premiers.

enchanté de l'Enfant ») qu'apprécie tout particulièrement le compositeur :

> « La Vie céleste »
>
> « Nous goûtons les joies célestes, détournés des choses terrestres. Du ciel on n'entend guère le tumulte du monde ! Tout vit dans la plus douce paix ! Nous menons une vie angélique ! Mais quelle n'est pas notre gaieté ! Nous dansons et bondissons !
>
> …
>
> Et Saint Pierre, en ces lieux, nous regarde ! Jean laisse s'échapper le petit agneau. Saint Luc abat le bœuf sans autre forme de procès. Le vin ne coûte pas le moindre sou dans les caves célestes. Et les anges font le pain.
>
> …
>
> De bonnes choses de toutes sortes poussent aux jardins du ciel ! De bonnes asperges, fèves, rien ne manque ! Des jattes entières nous attendent …. Est-ce jour de carême ? Aussitôt affluent de frétillants poissons !
>
> ……..
>
> Cécile et les siens sont de parfaits musiciens ! Ces voix angéliques réchauffent les cœurs ! Et tout s'éveille à la joie. »

La symphonie se termine donc dans la paix céleste où la gastronomie n'est pas absente des réjouissances.

Ces chants populaires d'une grande fraîcheur étaient une source d'inspiration privilégiée pour Mahler. Ce sont de beaux souvenirs de jeunesse.

Toute la quatrième symphonie, peut-être la plus douce de l'œuvre mahlérienne, est marquée d'une profonde sérénité : elle est empreinte d'une tonalité proche de la tendresse qui traduit le bonheur. Dès la cinquième symphonie, avec ses premiers mouvements qui touchent au macabre, le compositeur nous plongera dans un univers où la mort rode... Par la suite, seule la huitième symphonie échappera à cette ambiance lugubre et fera place à une sérénité retrouvée.

Bruno Walter, en découvrant cette symphonie, écrira :

> « La Quatrième Symphonie est un conte de fées... »[73]

Et le philosophe allemand, compositeur, Theodor Adorno (1903-1969) ressent :

> « Un hommage à Mozart traversé d'une sourde tristesse ».

La création de la quatrième symphonie, sous la direction devenue habituelle du compositeur, aura lieu à Munich en novembre 1901, avec un succès extrêmement mitigé. Public et critiques musicaux continuent à bouder Mahler qui les déconcerte et dont ils ont vraiment beaucoup de mal à comprendre le génie...

Certains critiques prendront plaisir, de manière récurrente, à taxer de vulgarité certains passages musicaux qui évoquent les racines populaires du compositeur. Ainsi, ils jugeront que dans cette quatrième symphonie, en particulier dans son premier mouvement, « le trivial côtoie le sublime », rengaine récurrente à laquelle doit s'habituer Mahler.

Les échos parisiens seront dans la même veine comme le montre une appréciation pour le moins surréaliste d'un critique musical français assez connu à son époque, qualifiant de la sorte le compositeur de la quatrième symphonie :

---

[73] Gustav Mahler, par Bruno Walter, Collection Pluriel , 1969 et 1979, page 143.

« Mahler est un de ces faux grands hommes comme l'Allemagne en produit en abondance depuis Wagner. Inutile d'insister : le goût français n'admettra jamais ces géants pneumatiques à d'autre honneur que de servir de réclame à Bibendum,... »[74].

Ce jeu de massacre parisien, inspiré par Michelin et sa mascotte, traduit pour partie une rivalité de l'époque, du moins dans l'esprit de certains, entre la musique française et allemande.

Des affiches parisiennes reprendront alors ce slogan : « Mr Gustav Malheur »[75], jeu de mot peu subtil, révélateur de la hargne locale ambiante.

Bien plus tard, les critiques françaises de la quatrième symphonie seront élogieuses et de nombreux concerts de grande qualité seront appréciés du public. Dans d'autres pays, cette symphonie a donné lieu à des manifestations également remarquées : ainsi à l'occasion d'un cycle Mahler, le chef d'orchestre russe Valery Gergiev, connaisseur et admirateur de Mahler, a proposé notamment un panorama mahlérien en deux soirées, avec le London Symphonic Orchestra : l'une consacrée à la quatrième symphonie et l'autre à la huitième, dite « Des mille ».

Myung-whun Chung a dirigé cette quatrième symphonie à la Scala de Milan en 2008, avec le Filarmonica della Scala. Claudio Abbado en a assuré la direction et l'a enregistrée à de nombreuses reprises,

---

[74] Jugement du critique musical français, Louis Laloy, suite à l'exécution parisienne de la quatrième symphonie aux Concerts Lamoureux de Paris.

[75] Gustav Mahler, par Stéphane Friédérich, Actes Sud - Classica, 2004, page 48.

chaque fois avec le même brio. Ces trois chefs et leur orchestre auront droit à un accueil chaleureux.

I.3.6. Premiers enseignements de ces quatre symphonies

Nous voici arrivés à la fin d'une étape dans la vie de Gustav Mahler, dont on peut tirer quelques éclairages. Point le plus important : Mahler a prouvé, ce dont lui n'a finalement pas douté, que sa vocation était bien de composer et qu'il avait les immenses qualités nécessaires pour remplir sa haute mission. Il ne s'est pas trompé. Cet idéaliste qui rêve de pouvoir créer un monde meilleur croit en la grandeur de son destin. Non pour sa gloire personnelle dont il ne se préoccupe pas, mais pour cette belle cause qu'il défend et elle seule.

L'avalanche de critiques négatives suivant la création de ses quatre premières symphonies ne le font nullement dévier de la trajectoire qu'il s'est fixée en suivant son intuition. Il apparaît que sa liberté d'expression prime sur tout le reste.

Très réaliste, le compositeur se sait être trop en avance sur son temps et déclarera :

> « Je ne m'attends à aucune reconnaissance de mon vivant. Aussi longtemps que je resterai ce Mahler qui avance parmi vous, cet homme parmi les hommes, je devrai me contenter d'être un créateur parmi d'autres. Justice ne me sera rendue que lorsque j'aurai secoué toute cette poussière terrestre. Je suis ce que Nietzsche appelait un homme à contretemps »[76].

---

[76] Mahler La symphonie-Monde, par Christian Wasselin, Gallimard, 2011, page 68.

Mahler ne fait rien à moitié. Il cherche en tout l'absolu. Il est à la fois intransigeant, cassant mais aussi très humain.

Il apparait également, au cours de cette première étape, que le compositeur Mahler a des inspirations surprenantes, d'allure extra-terrestre, dont il ne s'étonne nullement. Elles marquent en profondeur son œuvre. Le Finale de la deuxième symphonie en est un premier exemple.

Comme il le précise alors, il perçoit la création artistique comme « une annonciation ».

Sur le plan orchestral, ses quatre premières symphonies montrent que Mahler cherche à mettre en valeur chaque instrument de son orchestre bien que celui-ci soit souvent de taille importante, ce qui rend la performance d'autant plus difficile. Ce choix mahlérien est très valorisant pour chaque musicien. C'est l'expérience du grand chef d'orchestre autrichien qui parle.

Il indique :

> « chaque instrument doit être utilisé à sa juste place et d'après ses qualités propres »[77].

En dernier lieu, il me semble qu'un point essentiel de compréhension de Mahler est de se rappeler qu'il vit totalement dans sa musique.

A présent, nous allons aborder une période douloureuse de la vie de Mahler, suivie d'une rencontre heureuse avec sa future épouse Alma. Pour poursuivre la découverte du

---

[77] Souvenirs de Gustav Mahler, Malheriana, par Natalie Bauer-Lechner, Editions L'Harmattan 1998, traduction de l'allemand, introduction et notes par Isabelle Werck, page 81.

compositeur, gardons présent à l'esprit ce qui définit si bien ce personnage, traduit dans cet aveu cité plus haut :

> « Je suis pénétré des choses les plus grandes et les plus douloureuses ».

I.4. DÉBUT DE L'ANNÉE 1901 : DE GRAVES PROBLÈMES DE SANTÉ ET POURSUITE DE LA COMPOSITION

Les deux premiers mouvements de la cinquième symphonie
Le début de l'écriture des « Chants pour enfants morts »
Autres Lieder

C'est un moment de grands bouleversements dans la vie de Mahler.

Début 1901, le compositeur rencontre de très importants problèmes de santé (une hémorragie intestinale). Lui qui a été confronté à la mort de nombreux de ses proches, est, pour la première fois, face à la sienne à laquelle il n'échappe que de justesse.

Cet événement tragique marque un tournant dans son existence qui aura un impact immédiat sur son inspiration et son expression musicale. Il abandonne les chants populaires traditionnels qu'il affectionne pour se laisser inspirer par des poèmes très sombres du poète allemand Friedrich Rückert (1788-1866). De la légèreté parfois insouciante, il passe à une tonalité sombre marquée par la mort…

I.4.1. Les deux premiers mouvements de la cinquième symphonie (1901)

Cette cinquième symphonie, sans doute la plus célèbre, est marquée au début de sa composition par les troubles que Gustav Mahler vient de subir. Elle s'ouvre par une marche funèbre, mais cette fois sans doute la sienne. Une fanfare souligne cette ambiance lourde. Il en sera de même pour le deuxième mouvement. Les trois mouvements suivants vont être marqués par le bonheur qu'a eu le compositeur de rencontrer sa future épouse Alma. Mais les sixième et septième symphonies seront à nouveau imprégnées par le spectre de la mort dont la terrifiante sixième. Plus intrigante encore, la composition de l'œuvre qui suit.

I.4.2. Le début de l'écriture des « Chants pour enfants morts » (1901)

Gustav Mahler commence à ce moment l'écriture de Lieder qui interpellent, les « Kindertotenlieder »[78] (« Chants pour enfants morts ») : cinq Lieder qu'il achèvera en 1904 et publiera en 1905, inspirés d'un recueil de poèmes écrits par Rückert, auteur lyrique d'une culture impressionnante. Il va considérablement influencer Mahler.

Friedrich Rückert a vécu des drames particulièrement bouleversants, de nature à ébranler la raison : il a été confronté à la mort de deux de ses enfants âgés de quatre et cinq ans, à quinze jours d'intervalle. Il écrivit ensuite très vite, en 1834, des poèmes en pensant intensément à ses deux enfants : plus de quatre cents « Kindertotenlieder », dont Mahler en reprendra cinq et conserva le titre.

Friedrich Rückert n'évoque pas le thème du désespoir auquel il aurait pu être confronté, mais avec une profonde

[78] Gustav Mahler tel qu'en lui-même, par Philippe Chamouard, Editions Connaissances et Savoirs, 2006, page 146.

émotion et grande dignité, ce père s'interroge sur le sens du destin, lui qui vient d'être frappé par un drame à peine imaginable. L'historien et écrivain allemand Hans Wolleschläger (1935-2007) qualifia les « Kindertodtenlieder » de la manière suivante :

> « La plus grande complainte funèbre de la littérature universelle ».

Mahler met en musique quatre chants au cours de l'été 1901 et le dernier, l'année suivante.

Tout le monde comprend qu'un père qui a perdu deux de ses enfants écrive des poèmes destinés à leur rendre un hommage vibrant. Mais pourquoi un compositeur qui n'a pas vécu pareil drame met-il en musique de tels poèmes ? Dans la vie qui me parait limpide de Gustav Mahler, c'est le seul épisode qui, pour moi, est une énigme.

Certes, Mahler a eu une enfance marquée par le décès de sept frères et sœurs, très jeunes, et le suicide d'un autre frère Otto, à l'âge de vingt-deux ans, musicien comme lui et auquel il était très attaché. Il a également été frappé par le prénom du second enfant décédé de Rückert, Ernst, comme son frère préféré, mort quand Gustav avait quinze ans. Mais tous ces drames sont-ils de nature à inciter un compositeur à écrire une musique évoquant la mort d'enfants ? Certains pensent que Mahler voulait défier le destin. Je ne le crois nullement : toute sa vie le compositeur a été habité par une forme de mysticisme et il croit en un « autre monde » selon son expression, qui lui inspire un grand respect. Très intuitif, aurait-t-il la prémonition du drame qui va se produire plusieurs années plus tard ?

Mahler écrira à ce moment :

« Je m'étais mis à la place d'un homme qui vient de perdre un enfant…ce fut une épreuve douloureuse de les écrire… »[79]

« J'ai de la peine pour le monde un jour qui devra les entendre, tant leur contenu est terriblement triste »[80].

Nous reviendrons sur ces chants à l'occasion de la fin de leur écriture (au point 5.1.5).

I.4.3. Autres Lieder (1901-1902)

Au même moment, Gustav Mahler commence également de composer la musique des « Rückert - Lieder », cinq chants pour voix et orchestre, qu'il terminera l'année suivante. Comme leur nom l'indique, ils sont aussi inspirés de poèmes de Friedrich Rückert. En voici les titres :

1. « Ne regarde pas mes chants » (« Blicke mir nicht in die Lieder »)
2. « Je respirais un doux parfum » («Ich atmet' einen linden Duft »).
3. « Je suis coupé du monde » (« Ich bin der Welt abhanden gekommen »)
4. « A minuit » (« Um Mitternacht »)
5. « Si vous aimez la beauté » (« Liebst du um Schönheit »).

La musique composée par Mahler pour chacun de ces lieder est touchante.

Le cinquième Lied « Si vous aimez la beauté » donnera l'occasion au compositeur d'adresser un merveilleux

[79] Gustav Mahler tel qu'en lui-même, par Philippe Chamouard, Editions Connaissances et Savoirs, 2006, page 146.
[80] Gustav Mahler, par Isabelle Werck, collection horizons, 2010, page 85.

message d'amour à sa jeune épouse, comme nous allons l'évoquer.

I.5. Sa vie avec Alma (fin 1901- 18 mai 1911)

I.5.1. Première période : fin 1901 - été 1907 : le bonheur familial

Sa rencontre avec Alma
Suite et fin de la cinquième symphonie
La naissance de leurs deux filles
La sixième symphonie
Fin de l'écriture des « Rückert – Lieder » et des « Chants pour enfants morts »
La septième symphonie
La huitième symphonie

I.5.1.1. Sa rencontre avec Alma (fin 1901)

Douloureusement commencée, l'année 1901 va se terminer sur une note très heureuse : Mahler rencontre sa future épouse, Alma. C'est le coup de foudre réciproque. Elle l'admire. Gustav ne pourra plus imaginer vivre sans elle. Mais il l'aimera à sa façon…

Après plusieurs déceptions sentimentales, Mahler va faire sa connaissance en novembre 1901[81]. Cette fille d'un peintre

[81] Dans son journal intime paru aux Editions Payot et Rivages, 2009, Alma précise le jeudi 7 novembre 1901 qu'elle a « fait la connaissance de Mahler » (page 273) et relate : « Il m'a extraordinairement plu (souligné par elle), je dois dire, mais terriblement nerveux. Il tournait dans la pièce comme un fou furieux. Ce type n'est qu'une boule d'oxygène. On se brûle quand on s'approche. » (page 274). Le 28 novembre, elle écrit : « Mahler est venu, je ne pense qu'à lui, à lui seul…Il m'a dit combien je lui ai plu. Et je ne lui ai pas dit combien lui-aussi m'a plu… » (page 277).

autrichien en vue, Emil Schindler, va profondément marquer sa vie. Elle a vingt-deux ans, lui quarante et un. Alma est cultivée, très jolie, passionnée elle-aussi par la musique. Elle est pianiste et également compositrice. Elle appartient à un milieu culturel brillant, éloigné de celui de Gustav.

Alma va très vite découvrir les exigences de son futur mari : il lui impose avant de l'épouser, avec le plus grand naturel, de renoncer à sa carrière musicale pourtant prometteuse…[82] Tout doit être centré sur sa composition musicale, y compris son épouse… Alma accepte[83].

Pour Gustav, les perspectives conjugales sont donc claires et le mariage doit, pour lui, se réaliser très vite. Ce sera le cas : les fiançailles officielles ont lieu le 23 décembre 1901 et ils se marient en mars 1902. Mahler est un homme pressé : il a trop de projets en tête et brûle d'impatience de les réaliser. C'est un décideur, d'un tempérament nerveux, qui s'intéresse à tout, qui doit bouger en permanence, physiquement et intellectuellement. Il ne sera pas toujours facile pour Alma de vivre au quotidien avec un tel personnage, sans cesse en éveil, remuant… mais génial.

Grâce à elle, il va être intégré dans un monde intellectuel qui n'est pas le sein. Il rencontre notamment Gustav Klimt, peintre déjà célèbre à ce moment, avant-gardiste lui-aussi. Leur entente est spontanée. A Vienne, dans sa fresque dédiée à l' « Ode à la joie » de Beethoven,

[82] Le 20 décembre, Alma écrit qu'elle a reçu une lettre de Gustav d'une vingtaine de pages lui précisant les termes du contrat de leur mariage, principalement son engagement à renoncer à sa carrière musicale pour ne se consacrer qu'à lui… Alma relate à la même date qu'elle en est très choquée et précise : « j'en garderai une épine à jamais plantée en moi ».

[83] Le 21 décembre, après une longue hésitation, Alma écrit : « Oui, il a raison. Je dois vivre entièrement (souligné par elle) pour lui, afin qu'il soit heureux.

Klimt représentera Mahler en chevalier, traduisant de la sorte son admiration pour le compositeur. Vienne vit alors dans un tourbillon de créativité artistique et Klimt joue un rôle important dans le mouvement « La Sécession de Vienne » qui marque un temps fort dans le monde artistique de la capitale de l'Empire austro-hongrois.

Mahler fait alors la connaissance d'un autre peintre, Alfred Roller. En tant que décorateur, celui-ci va l'aider à la conception de mises en scène d'opéras montés et dirigés par le chef Mahler. Leur modernisme va de nouveau choquer une grande partie du public.

Sa vie avec Alma lui permet de connaître des années d'équilibre heureux entre son activité professionnelle toujours débordante et sa petite famille à laquelle il est tellement attaché. Cette période sera sans doute la plus heureuse pour le compositeur.

Durant l'été 1902, quelques mois après leur mariage, Gustav met en musique le cinquième « Rückert - Lieder » qu'il destine à Alma. Ce Lied, « Si vous aimez la beauté », est un reflet de la merveilleuse histoire d'amour entre Gustav et Alma. Il écrit cette composition pour elle seule. Gustav la transcrit sur un billet qu'il cache dans la partition « Siegfried » de Richard Wagner sur laquelle travaille la pianiste Alma.

Elle le découvre en présence de Gustav. Ils se mettent alors au piano ensemble et jouent à quatre mains la partition...[84]. Il faut imaginer ce couple partager ce moment exceptionnel de tendresse. Ce beau poème d'amour se termine par cette phrase : « Aime moi toujours, je t'aimerai toujours, toujours... ». Gustav est aussi, à ses moments, un mari particulièrement tendre.

---

[84] Gustav Mahler tel qu'en lui-même, par Philippe Chamouard, Editions Connaissances et Savoirs, 2006, page151.

Alma notera alors dans son livre « Ma Vie »[85] qu'elle a été émue au fond de l'âme et ajoutera :

« Le dernier Lied (Si vous aimez la beauté) est si fervent que, le relisant à présent, bien longtemps après, l'émotion m'a submergée »[86]

« J'en ai presque pleuré. Quelle profondeur il y a chez un tel homme ! Et comme je manque d'âme ! »

« Souvent j'ai conscience du peu que je suis, du peu que je possède comparé à son incommensurable richesse ! »[87].

Ce merveilleux témoignage est éloquent dans la mesure où il est exprimé par la personne qui vit dans son intimité, sa jeune épouse.

Ainsi il apparait que celles et ceux qui ont été dans une grande proximité avec ce compositeur peu banal, au caractère difficile, réalisent la richesse de sa personnalité. Ce visionnaire d'une grande simplicité est, pour son entourage, d'un contact direct et pour Alma, un mari aimant.

La petite famille Mahler passe les étés dans des endroits de grande beauté, loin de l'agitation des villes, en particulier de Vienne et ses nombreuses intrigues. A cette période le refuge d'été est à Maiernigg (1900-1907), dans le sud de l'Autriche, au bord du lac Wöthersee. Les Mahler occupent une belle maison que Gustav a fait

---

[85] Ma Vie, par Alma Mahler-Werfel, René Julliard, Paris, 1961, page 31. Après avoir mis fin à l'écriture de son Journal intime, Alma Mahler poursuivra la rédaction de son livre « Ma Vie par Alma Mahler-Werfel » (ce dernier nom est celui de son troisième mari, épousé en 1929), s'arrêtant en 1952, douze ans avant son décès en 1964.

[86] Idem, page 31.

[87] Idem, page 31.

construire. Elle n'est accessible que par bateau. Le compositeur a l'art de trouver des coins merveilleux qui l'inspirent dans sa créativité musicale. Dans le parc de cette propriété, il a fait construire à nouveau un petit sanctuaire au milieu des feuillages pour s'isoler totalement et créer l'ambiance qui lui convient afin de travailler à ses compositions. Il a grand besoin d'une immersion totale dans la nature qu'il aime tellement.

Seul, il ouvre par moment la porte de sa maisonnette pour entendre le bruissement des feuilles, les oiseaux, les bateaux sur le lac…

C'est tout le charme de cet environnement qu'il veut introduire dans certaines de ses compositions.

S'il prend des « vacances », Gustav tient à respecter pour autant scrupuleusement les longues séances de composition qu'il s'est lui-même imposées, commençant à une heure très matinale. Personne n'est autorisé à le déranger alors, car pour son travail de création Mahler exige d'être seul. A cette règle stricte que devra également respecter son épouse, il y aura une exception : sa fille ainée chérie, Maria. Elle pourra aller rejoindre son papa dans son sanctuaire. Sa maman précisera qu'elle en sortira souvent barbouillée de confiture…

Et le déjeuner qui suit sa très longue matinée de composition doit se passer dans le plus grand silence. Gustav est dans sa musique…

Dans l'après-midi seulement, il s'autorise des moments de détente avec sa famille.

Par ailleurs, ce qui est moins connu c'est que Mahler a besoin de faire beaucoup de sport pour son équilibre personnel : course à pied, cyclisme, longues randonnées dans la forêt à marche forcée (malgré un léger défaut de synchronisation du mouvement de ses jambes), natation notamment dans une eau glacée,. .. Ceci explique sans doute la belle allure sportive de ce compositeur au profil racé…

I.5.1.2. Suite et fin de la cinquième symphonie (1901-1902 création 1904). Un nouveau chef d'œuvre de Mahler

Si les deux premiers mouvements écrits avant sa rencontre avec Alma sont de tonalité très sombre (marche funèbre), les trois suivants s'éclairent d'une lumière d'espérance. Le compositeur laisse apparaître une victoire face à la mort, un renouveau face à la fatalité.

Son amie musicienne Natalie Bauer-Lechner évoque ainsi la manière dont Mahler lui a parlé de cette cinquième symphonie et de l'« Adagietto » :

> « Au cours des derniers jours Mahler m'a parlé pour la première fois de son travail de cet été, sa cinquième symphonie, et notamment le troisième mouvement »[88] : « Ce mouvement demande une très grande maitrise artistique, il est extrêmement difficile aussi bien du point de vue de la structure qu'en ce qui concerne les détails et les proportions. On peut le comparer à une cathédrale gothique où la complexité apparente doit aboutir à la suprématie de l'ordre et de l'harmonie… »[89].

---

[88] Le troisième mouvement deviendra le quatrième dans la version définitive.

[89] Gustav Mahler tel qu'en lui-même, par Philippe Chamouard, Editions Connaissances et Savoirs, 2006, page 141. Ce sera un des derniers échanges entre Gustav Mahler et Natalie Bauer-Lechner.

Gustav Mahler précise encore :

« La voix humaine serait tout à fait hors de propos ici. Il n'y a pas d'appel pour les mots, tout est dit dans en termes purement musicaux. Ce sera aussi une symphonie simple en quatre mouvements, avec chaque mouvement indépendant et complet en lui-même et en rapport avec les autres seulement par l'ambiance commune ».

Mahler qui aime tellement joindre la voix à la musique orchestrale renonce, comme il le précise, à le faire après l'écriture sublime de ce mouvement : il ressent cette fois que la musique seule, sans la voix, permet de traduire la perfection qu'il recherche et qu'il vient d'atteindre. Parfois c'est la voix seule qui le permettra, ou la voix doucement accompagnée par un orchestre.

Dans sa version définitive, cette symphonie sera composée de cinq mouvements, regroupés en trois parties :

1. Première partie (deux mouvements)

- Trauermarsch (« Marche funèbre ») : mouvement pathétique qui commence par une fanfare de trompettes, glaçante, sorte de sonnerie aux morts, avec roulement de tambour. Elle va se répéter. A la fin du mouvement, les trompettes reprennent une nouvelle fois le thème de la marche et le son s'atténue pour disparaître au loin.

- Stürmisch bewegt (« Orageux, avec véhémence »): début marqué de coups de tonnerre. La tonalité reste sombre. Après une répétition de ces coups, les cordes annoncent un apaisement, l'orage s'éloigne, les cuivres reprennent le thème principal du premier mouvement mais de façon moins lugubre.

2. Deuxième partie (un mouvement)

- Scherzo : l'ambiance change beaucoup, par sa légèreté. Une lumière réapparaît laissant entrevoir l'influence apaisante de la jeune épouse sur le compositeur qui doit moins songer à la menace de la mort ressentie au début de l'année 1901. Le bonheur familial domine et influence sa composition. Les cuivres se font entendre mais presqu'en douceur.

3. Troisième partie (deux mouvements)

- Adiagetto : arrive ce mouvement qui est un des plus doux et des plus touchants de toute la grande musique. Seules les cordes interprètent cette page merveilleuse qui transporte l'auditeur. La harpe se fait très doucement entendre. L'Adagietto se termine par une envolée qui fait quitter la terre et s'achève dans une douceur infinie. Mahler nous plonge à nouveau dans la merveilleuse ambiance de la « Vie céleste » de sa quatrième symphonie.

Ce quatrième mouvement, l'« Adagietto », est devenu mythique principalement grâce au film « Mort à Venise » (1971), de Luchino Visconti, que nous avons déjà évoqué.

- Rondo-Finale : victoire face à la mort, lueur d'espoir face à la fatalité. Le mouvement démarre dans la légèreté par une sorte de danse. L'atmosphère bohémienne revient avec douceur. L'espoir réapparait. La fanfare est à la fête, les cuivres sont enjoués… C'est une sorte de kermesse populaire qui doit rappeler d'heureux souvenir au compositeur. Le rythme final s'accélère pour se terminer par une sorte de feu d'artifice.

Sa symphonie à peine terminée, Gustav invite Alma dans sa maisonnette pour lui faire découvrir son nouveau chef d'œuvre. Le jeune marié, tout à son bonheur, se met au piano dans son sanctuaire noyé dans la nature et joue pour Alma seule l'intégralité de sa cinquième symphonie, dont bien sûr le très célèbre « Adagietto ». La jeune épouse en a les larmes aux yeux.

La cinquième symphonie est dédiée à Alma, nouveau message d'amour adressé à sa jeune épouse par un compositeur particulièrement sensible.

C'est en octobre 1904 que Mahler dirigera, à Cologne, la création de sa cinquième symphonie avec, à nouveau, un succès très mitigé : sifflets dans la salle et presse très négative…

La première américaine aura lieu en mars 1905 à Cincinati, sous la baguette du chef américain Frank van der Stucken (1858-1929). Trois autres concerts seront donnés l'année suivante à Boston, New York et Philadelphie. L'accueil américain dans les quatre villes traduit un véritable succès.

Elle est jouée en 1911 salle Gaveau à Paris sous la direction du chef français José Lassalle et rencontre auprès du public un accueil chaleureux, tandis que les criques de la presse sont virulentes…A titre d'exemple, le Scherzo est considéré comme

> « la foire du Trône, saucissons, pommes de terre frites, chevaux de bois… »[90]

La discographie de cette symphonie est des plus impressionnantes : près de deux cents enregistrements réalisés principalement par les grands chefs d'orchestre, de 1928 à 2014. Ceux-ci mettront souvent cette cinquième symphonie au programme de leurs concerts.

---

[90] Gustav Mahler, par Henry-Louis de La Grange, Fayard, 2007, page 377.

I.5.1.3. La naissance de leurs deux filles (1902 et 1904)

C'est durant cette période que Gustav Mahler connaît peut-être les moments les plus heureux de toute son existence. Il aime tendrement sa jeune femme et sait qu'elle attend leur premier enfant. Mahler pressent qu'il va l'adorer. Ce sera le cas.

Leur première fille, Maria, nait en décembre 1902 et la seconde, Anna, en juin 1904.

Gustav sera un père exemplaire adorant ses deux enfants, mais avec une préférence avouée pour son ainée Maria qu'il appelle « Putzi ». Il invente des histoires pour elles, les déguise, s'isole avec elles de longues heures, leur parle une langue inventée… Qui peut reconnaître dans ce père atypique mais si touchant l'implacable compositeur, chef d'orchestre et directeur d'opéra qui se montre intransigeant vis-à-vis de tout le monde…à cette merveilleuse exception familiale près ?

Mais Alma souffrira par moment de l'absence de Gustav absorbé par sa musique et peu préoccupé alors du bonheur de son épouse que pourtant il aime. Elle ressent une grande solitude à laquelle son mari n'est guère attentif.

Est-ce pour se consoler dans ces moments difficiles qu'Alma se mettra régulièrement au piano pour rejouer ce Lied, écrit pour elle seule, « Si vous aimez la beauté » ?…

De son côté, Gustav ressent un grand bonheur qui explique sans doute une accélération dans l'écriture d'œuvres marquantes : après la finalisation de la cinquième symphonie (1902), la sixième (1903-1904), septième (1904-1905) et la huitième (1906-1907). Dans le même temps, il poursuit l'écriture de Lieder.

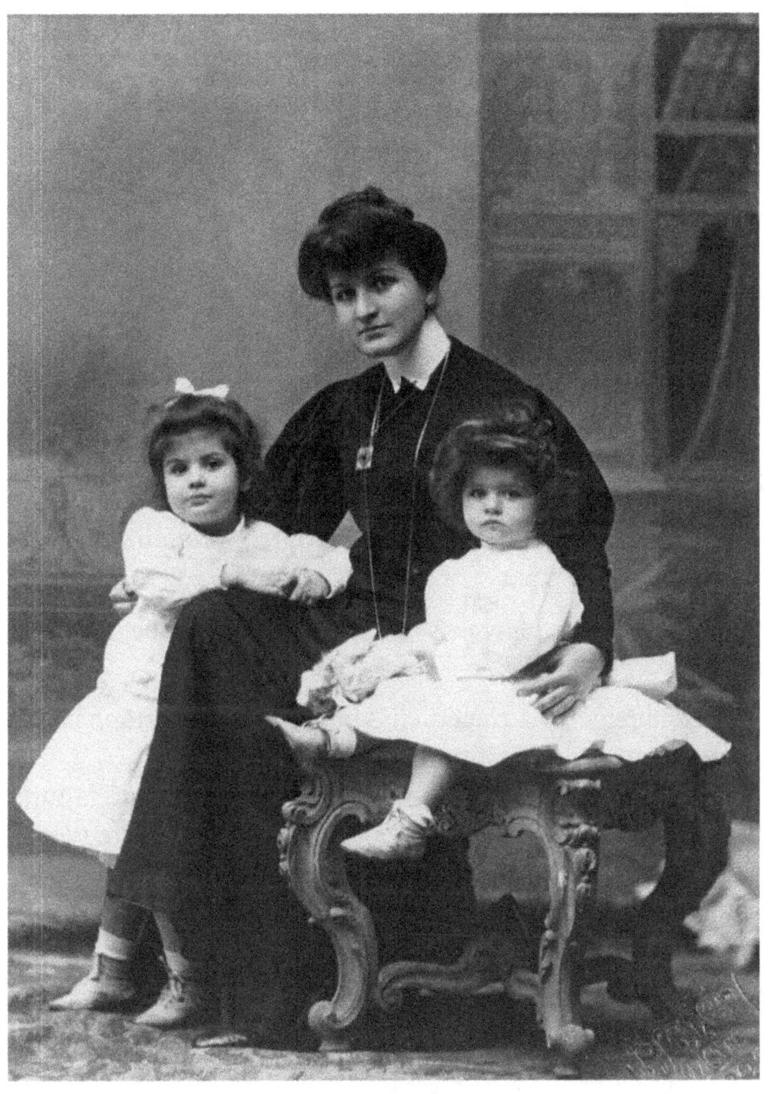

Alma Mahler avec leurs deux filles, Maria et Anna, en 1906

I.5.1.4. La sixième symphonie (1903-1904 création en 1906). Prémonition de la tragédie

Sensible et intuitif, Mahler semble percevoir, quelques mois après son mariage, la fragilité des moments heureux vécus alors, qu'il traduit en composant sa sixième symphonie « TRAGIQUE ».

La symphonie est écrite sur le thème de la mort et est de tonalité glaciale. Vivrait-il à ce moment dans une sérénité qui ne serait qu'apparente ? Mahler serait-il interdit de bonheur et va-t-il être rattrapé par la souffrance qu'il a rencontrée depuis son enfance et qui ne l'aurait jamais quitté ? Hélas pour lui et sa petite famille, cette sixième symphonie, prémonitoire, annonce de longs mois à l'avance de grands drames qui vont se produire. Mahler n'affirmera-t-il pas :

> « Toutes mes œuvres sont une anticipation de la vie à venir »[91].

Personnage de tragédie, Mahler va être frappé très lourdement par le destin.

On peut discerner dans cette sixième symphonie la lutte désespérée de l'homme contre la mort. Cette œuvre a terrifié Mahler lui-même surtout lors des répétitions pour sa création, tant la symphonie qu'il venait de composer le bouleversait…

---

[91] Mahler, par Jean Matter, Editions l'Age d'Homme,1974, page 173. Ce livre fait suite à un premier essai de l'auteur, « Mahler le Démoniaque », 1959, titre surprenant d'un ouvrage de qualité qui a le grand mérite d'être le premier publié en français sur Mahler dont la musique à ce moment est tombée dans l'oubli.

Alma relate l'angoisse de son mari

> « qui avait presque mal dirigé (ses répétitions) parce qu'il avait honte de sa propre émotion et craint qu'elle ne le submerge pendant l'exécution »[92].

Pour ce brillant chef d'orchestre, cette sorte d'incident de parcours, rarissime chez Mahler, révèlerait combien il perçoit à travers cette œuvre l'approche inéluctable de grands drames personnels et combien il en est troublé.

De plus, Alma a noté que pendant l'écriture de cette symphonie, Gustav qui s'isolait toujours pendant son travail, lui a fait part en la retrouvant entre deux séances de composition, « tremblant d'émotion », d'un désarroi profond en raison de son obsession omniprésente de la douleur humaine. Elle relate également que son mari lui a joué au piano l'intégralité de cette œuvre dès la fin de son écriture, mais dans une ambiance bien différente de celle de la découverte de sa cinquième symphonie. Alma, après cette première audition, fait part du ressenti troublant de son mari :

> « Au dernier mouvement, il se décrit lui ou son destin dans sa propre chute, ou comme il disait plus tard, celui de son héros : « le héros qui reçoit trois coups du destin dont le troisième l'abat comme un arbre. » Ce sont les paroles de Mahler »[93].

Alma précise enfin avoir été très émue par cette symphonie, la plus « foncièrement personnelle » de toutes celles que son mari a écrites. Elle ajoute :

---

[92] Gustav Mahler, par Stéphane Friédérich, Actes Sud - Classica, 2004, page 60.

[93] Gustav Mahler tel qu'en lui-même, par Philippe Chamouard, Editions Connaissances et Savoirs, 2006, page 148.

« Aucune œuvre ne lui a jailli du cœur comme celle-là. Nous pleurions alors tous deux, si profondément que nous sentions cette musique et ce qu'elle traduisait de pressentiments »[94].

La sixième symphonie est composée de quatre mouvements :

- Allegro energico : marche menaçante et grinçante scandée par des roulements macabres de « caisses claires »[95]
- Scherzo : scènes d'horreur. Le roulement de tambour reprend et se fait entendre à nouveau régulièrement, dans une tonalité lugubre…
- Andante moderato : après la tempête, règne un calme champêtre. Se font entendre des cloches de troupeaux que le compositeur retient pour la première fois et qui réapparaîtront dans la septième symphonie
- Finale : très long mouvement cauchemardesque. De façon surprenante, il est marqué par trois coups de marteau lugubres. Mahler a-t-il pressenti « les trois coups du destin » qui vont violemment s'abattre sur le couple, trois ans plus tard ? Ce sera en 1907, année maudite pour Gustav et Alma… Par superstition Mahler aurait ramené dans sa partition ces trois coups à deux. Certains chefs d'orchestre n'hésitent pas à faire frapper trois coups, parfois à l'aide d'une caisse à résonnance conçue pour cette seule œuvre, afin d'amplifier encore ce bruit macabre prémonitoire.

Il apparaît donc que cette sixième symphonie est une œuvre bouleversante qui traduit les interrogations existentielles du compositeur.

---

[94] Gustav Mahler tel qu'en lui-même, par Philippe Chamouard, Editions Connaissances et Savoirs, 2006, page 148.

[95] Instrument emprunté aux musiques militaires.

Sa création a eu lieu à Essen, en mai 1906, sous la direction du compositeur, en très mauvaise forme. Le public, bien que déconcerté, accueille plutôt positivement l'œuvre. Comme d'habitude, la critique est féroce :

le Finale sera qualifié de « boursouflure ». Pas moins...

Un critique de la « Montags-Revue » fera ces commentaires :

« surexcitation consciente... tout se déroule à la frontière du moins du volontairement laid... »[96].

Les critiques de la presse sont d'une telle violence que Mahler fait annuler la première hollandaise au Concertgebow, prévue en janvier 1907. Il s'agit d'une décision très rare du compositeur.

Avec du recul, cette sixième symphonie sera régulièrement jouée avec succès. Par ailleurs, elle figure au programme de la Philharmonie de Paris, le 4 mars 2020, sous la baguette du chef finlandais Jukka-Pekka Saraste.

I.5.1.5. Fin de l'écriture des « Rückert - Lieder » et des « Chants pour enfants morts » (1904 - création en 1905)

Mahler termine la composition des « Rückert - Lieder » durant l'été 1904.

Au même moment, il finalise l'écriture des « Chants pour enfants morts » dont nous avons évoqué le début de la composition. Mahler est alors père de deux petites filles. Contrairement à son habitude, il n'informe pas Alma de la finalisation de cette œuvre. Il la publie en 1905 et ce n'est

---

[96] Gustav Mahler, par Henry-Louis de La Grange, Fayard, 2007, 492 pages, page 260.

qu'alors que son épouse la découvre. Alma, jeune maman, en est terrifiée. Elle va reprocher à son mari d'avoir défié le destin avec ces « Chants pour enfants morts ».

C'est ce cri angoissé qui vient du fond de son cœur, qu'elle relate dans son livre :

> « Je ne le comprenais pas : si on n'a pas d'enfant, ou si on les a perdus, j'admets que l'on mette en musique des paroles aussi terrifiantes, mais autrement ? Comment donc comprendre qu' une heure après avoir embrassé et cajolé des enfants en pleine santé, au physique comme au moral, on se lamente sur leur mort ?[97].

Alma poursuit ensuite qu'elle supplie de la sorte son mari :

> "Pour l'amour de Dieu, ne tente pas la fatalité »…[98]

> « C'est tenter le diable que de mettre en musique des poèmes de cette nature lorsqu'on est soi-même père ».

Lorsqu'il a su qu'il allait être père, Gustav Mahler aurait-il dû faire disparaître cette composition ? Et quand Alma, affolée, l'en supplie, aurait-il dû accéder à sa demande ? Il n'en fera rien. Alma, pourtant, redoutait ce défi au destin. Pourquoi avoir écrit une telle œuvre et ensuite pourquoi ne pas l'avoir détruite ? Nous touchons au monde mystérieux des sentiments les plus profonds d'un être à la fois d'une grande sensibilité et d'une intransigeante opinion sur la valeur de son œuvre. Il avait supporté les critiques les plus acerbes, dirigé la sixième symphonie malgré le tourment qu'elle suscitait en lui. Allait-il faire disparaître cette partie

---

[97] Mahler Mémoires et correspondance, par Alma Mahler, traduction de Nathalie Godard, Editions JC Lattès, 1980, page 73. Il s'agit d'un troisième livre d'Alma Mahler qui couvre la période 1901-1910. Préface de Henry-Louis de La Grange.

[98] Idem, page 73.

de son œuvre d'une telle force, d'une telle intensité qu'elle provoquait la terreur chez son épouse. N'était-ce pas, justement, la preuve de la perfection de ces Lieder ? Mahler voulait composer une musique intemporelle. Son inspiration la transposait-elle dans une quatrième dimension ? Hors du temps et déjà dans « l'autre monde » ?

N'y aurait-il pas chez ce compositeur de génie un orgueil qui ne lui permettait pas de se remettre en question ?

Le secret n'appartenait qu'à Gustav Mahler. Il serait présomptueux de vouloir être plus explicite.

La création des « Rückert - Lieder » et des « Kindertotenlieder » aura lieu à Vienne en 1905, sous la direction de Mahler. Ce concert reçut un très bon accueil.

Les « Rückert - Lieder » seront à nouveau dirigés par le compositeur en 1905 et 1906 à Vienne, Graz et Leipzig, puis une dernière fois à Berlin, en 1907, Mahler étant lui-même au piano.

Oscard Fried fut un des premiers chefs à diriger ces Lieder dès 1915.

Le baryton américain Thomas Hampson (1955-   ) est un des grands interprètes de tous les Lieder de Mahler dont il dira :

> « Ils sont un journal d'existence »...

Et il ajoute :

> « Avec Mahler, je partage toutes les vibrations de l'univers ».

Au début de la carrière de Hampson, c'est Léonard Bernstein qui lui a proposé d'enregistrer des Lieder de Mahler. Le baryton deviendra un fervent admirateur du compositeur autrichien. Henry-Louis de La Grange aura également une influence sur son choix de carrière à teinte mahlérienne de plus en plus marquée.

Tous les Lieder seront régulièrement interprétés par d'autres grands solistes comme Janet Becker, Kareen Cargill, Brandon Jovanovich, Anna Larsson, Christa Ludwig, Jessye Norman, Miah Persson, Margaret Price,...et bien sûr Dietrich Fischer-Dieskau. Ils sont à chaque fois accompagnés par un grand chef d'orchestre.

Les « Kindertotenlieder » figureront au programme d'un récital qui fera date, donné à Montreux en 1958, avec Fischer-Dieskau. La Gazette de Lausanne relate ainsi l'événement :

> ... « Le troisième concert du Festival de Montreux nous offrait, mardi soir, un programme d'une valeur et d'un intérêt exceptionnels. Le pôle d'attraction en était sans nul doute les « Kindertotenlieder » de Gustav Mahler, œuvre d'une grande beauté et très rarement jouée chez nous ... ».

Nous devrons évoquer une dernière fois cette composition « Kindertotenlieder » en relatant les événements dramatiques de 1907.

I.5.1.6. La septième symphonie (1904-1905 création en 1908). Moderne, énigmatique et fantastique

La septième symphonie dite « Chant de la Nuit » (« Lied der Nacht »), en mi mineur, inspire au musicologue Henry-Louis de La Grange ce commentaire :

> « Dans la trilogie des symphonies instrumentales (5ème, 6ème, 7ème), la septième constitue un cas extrême, le point le plus avancé du modernisme de Mahler »[99].

Pour la première fois, Mahler travaille simultanément sur deux symphonies : la sixième dont il termine le

---

[99] Gustav Mahler, par Henry-Louis de La Grange, Fayard, 2007, page 434.

terrifiant Finale et la septième. Pour cette dernière, composée de cinq mouvements, il en écrit d'abord les deuxième et quatrième en 1904. Ce sont des nocturnes. Ce n'est qu'un an plus tard qu'il terminera, cette fois très rapidement, les trois autres.

Mahler fera très peu de commentaires sur cette symphonie, dont il se limite à dire :

> « la septième sera une œuvre tissée d'ombres et de fantômes »[100].

Il n'écrira pas de programme explicatif. De ce fait, elle conserve un caractère énigmatique sur le sens que le compositeur a voulu lui donner. Et donc elle suscitera beaucoup d'interrogations restées sans réponse. Le compositeur veut laisser un vaste champ libre à l'imagination de son public.

Il a livré à Alma quelques indications révélatrices sur son inspiration une nouvelle fois surprenante : l'été 1905, Mahler est seul (son épouse a pris quelque repos après la naissance de leur seconde fille Anna) et connait l'angoisse de la « feuille blanche ». Il part dans les Dolomites dans l'espoir de trouver une source d'inspiration dans cette belle nature. Mais sa muse reste muette. Il pense alors avoir perdu tout son été de composition et décide, très perturbé, de rentrer à Maiernigg en prenant un petit bateau pour traverser un lac. Au bruit initial qu'il fait sur l'eau, Mahler éprouve un déclic soudain : il ressent en lui toute l'ambiance du premier mouvement. Il est pris d'une frénésie imaginative qui le libère et lui permet d'écrire et de finaliser en un mois les trois mouvements manquants :

---

[100] Mahler La symphonie-monde, par Christian Wasselin, Gallimard 2011, page 66, ouvrage publié à l'occasion de l'exposition « Gustav Mahler » au Musée d'Orsay à Paris, du 8 mars au 29 mai 2011.

« Dès le premier coup de rame, l'idée m'est venue du thème, ou plutôt du rythme, de l'atmosphère de l'introduction du premier mouvement. En quatre semaines, les premier, troisième et cinquième mouvements étaient entièrement terminés »[101].

Il n'a jamais composé aussi vite. L'œuvre commence par une tonalité lugubre, une sorte de marche funèbre dans la nuit, scandée par une fanfare, mais ce premier mouvement se terminera sur des notes plus gaies. Les quatre premiers mouvements sont des nocturnes et le Finale est une sortie de la nuit qui se pare d'une tonalité joyeuse.

La composition très moderne pourrait avoir un caractère expérimental, Mahler poussant très loin les innovations. Peut-être pour se libérer de sa terrifiante sixième symphonie ?

Voici les cinq mouvements construits en une architecture symétrique autour d'un scherzo central :

- Adagio : ambiance sombre
- Musique de nuit : tonalité fantastique
- Scherzo : qualifié également de fantomatique
- Musique de nuit : une ambiance spéciale est créée par une harpe, une mandoline et une guitare, sorte de sérénade amoureuse dans la nuit… Ce quatrième mouvement séduira tout particulièrement Arnold Schönberg qui s'en inspirera.

Parmi les nombreux autres instruments choisis par Mahler, il y a des cloches de troupeau[102] aux côtés

---

[101] Gustav Mahler, par Henry-Louis de La Grange, Fayard, 2007, page 435.

[102] A propos de ces cloches de vaches, Mahler dira : « J'ai voulu suggérer par un bruit terrestre entendu de très loin, comme sur un haut sommet, la présence de l'éternité » : Gustav Mahler, par Henry-Louis de La Grange, Fayard, 2007, page 321.

d'autres cloches ! Le compositeur est bien d'origine rurale et en est fier. Il introduit également un instrument rare (le « cor ténor ») et un « glokenspiel ».

- Rondo final : après une longue nuit, passage à la lumière, prolongé par une valse et un menuet. L'œuvre très originale se termine dans une espèce d'ambiance endiablée de tornade, de carnaval, de kermesse flamande : une sorte de truculence à la Brueghel, inhabituelle, qui laisse subsister beaucoup d'interrogations et la gaité apparente peut masquer de grandes inquiétudes existentielles.

Bruno Walter a fait ce commentaire :

> «... le troisième mouvement du milieu est peut-être le morceau de musique le plus beau que Mahler ait jamais écrit : y règne un érotisme doux et tendre qui est le seul son érotique que je sache se trouvant dans l'œuvre de Mahler »....
>
> ..."Notons cependant dans les trois mouvements centraux de la Septième, la réapparition significative du romantisme qui semblait mort et enterré depuis longtemps. Ces trois mouvements nocturnes, baignant dans les émotions du passé, révèlent que le maître du superbe premier mouvement et du brillant Rondo Finale est à nouveau en proie au besoin de plénitude, qu'il est toujours en quête de réponses aux interrogations sur l'existence qui le hantent depuis toujours »[103].

En août 1905, Gustav Mahler fait part à Richard Strauss de sa satisfaction d'avoir terminé sa septième symphonie :

> « Ma Septième est finie. Je crois que cette œuvre est née sous de bons auspices et qu'elle est accomplie ».

---

[103] Gustav Mahler, par Bruno Walter, Collection Pluriel, 1969 et 1979, page 146.

J'ouvre une courte parenthèse : à la fin de cette année 1905, Mahler, de retour d'un concert à Berlin, passe par Leipzig pour examiner un nouveau système d'enregistrement sur rouleau, de la firme Welte. Mahler est séduit : il va pouvoir laisser une trace de ses interprétations. Aussitôt il fait enregistrer deux Lieder, le Finale de la quatrième symphonie et le premier mouvement de la cinquième. Par chance, une partie de ces enregistrements ont échappé aux bombardements de la fin de la seconde guerre mondiale[104].

La création eut lieu à Prague en 1908, toujours sous la direction du compositeur, avec un accueil à nouveau peu enthousiaste… Le public est étonné « d'entendre autant de banalités d'origine populaire, dans une œuvre aussi sérieuse... ». Décidément cette critique est récurrente…La presse est plus clémente, certains articles sont même élogieux, mais la tonalité reste au scepticisme. Quelques jours plus tard, Mahler la dirige à Munich avec de nouveau une presse négative…

Cette création sera suivie de concerts dans d'autres villes : en 1909 Mahler dirigera la première hollandaise à Amsterdam, avec l'Orchestre très réputé du Concertgebouw, en 1913 une soirée musicale sera organisée à Londres sous la baguette d' Henry Wood et en 1921 à Chicago, avec Frederick Stock.

Pendant les répétitions à Amsterdam en 1909, Willem Mengelberg affirme avoir entendu Mahler évoquer son premier mouvement en ces termes :

---

[104] Comme mentionné plus haut, l'homme d'affaires américain Gilbert Kaplan a produit un disque « Mahler plays Mahler » à partir de ces rouleaux enregistrés par Mahler.

« Force violente, opiniâtre, brutale et tyrannique »… « nuit tragique »… « sans étoile ni clair de lune »… « régie par la puissance des ténèbres ».

Certains musicologues évoquent la « symphonie fantastique » de Mahler.

En 2005, cent ans après la finalisation de la composition de la septième symphonie, le chef Claudio Abbado, admirateur et fin connaisseur de Mahler, appréciant tout particulièrement cette symphonie, la dirigea au Festival de Lucerne. Ce concert a rencontré un vif succès.

La discographie ne laisse que l'embarras du choix avec plus d'une centaine de versions sous la baguette des plus grands chefs d'orchestre. Voici quelques enregistrements mémorables : le premier réalisé en 1950 sous la direction de Hermann Scherchen (Orchester der Wiener Staatsoper). Ensuite, en 1965, avec Leonard Bernstein (Orchestre philharmonique de New York), en 1976, Rafael Kubelik (Orchestre symphonique de la Radiodiffusion bavaroise), en 1992, Bernard Haitink, (Orchestre philharmonique de Berlin), en 1993, Michael Gielen, (Orchestre de la radio de Baden-Baden), et en 2015, Iván Fischer (Orchestre du Festival de Budapest).

I 5.1.7 La huitième symphonie (1906-1907 - création 1910). Œuvre du sublime - hymne mahlérien à la joie

C'est la symphonie de tous les superlatifs, une sorte de feu d'artifice qui culmine dans l'œuvre déjà monumentale de Mahler.

Le compositeur définit en quelques mots cette composition, pour lui, plus accomplie que toutes les précédentes :

« Cette symphonie est un don à la nation. Toutes mes symphonies précédentes n'étaient que des préludes à celle-ci : elles sont toutes tragiques et subjectives. Celle-ci est une grande dispensatrice de joie »[105]

« Je viens de terminer ma Huitième ; c'est la plus grande chose que j'ai faite jusqu'à présent...Représentez-vous que l'univers commence à retentir et à vibrer. Ce ne sont plus des voix humaines, mais des planètes et des soleils qui tournent... »[106].

La huitième symphonie est une de ces œuvres que certains musicologues qualifient de « totales » : elle tente, par un génial enchevêtrement de textes chantés, techniques variées, sonorités subtiles, de porter la musique à des hauteurs jamais atteintes. Elle réunit le mode symphonie, cantate, oratorio, motet et lied.

Nous sommes en été 1906 à Maiernigg et Mahler, « en vacances », s'attaque à l'écriture d'une composition gigantesque, la huitième symphonie (en mi bémol majeur) que son impresario qualifiera de manière arithmétique « des Mille ». Etiquette qui ne plaira évidemment pas à Mahler mais qui pourtant restera dans l'histoire de la grande musique.

A cette période, Mahler vit des moments de sérénité qui transparaissent dans cette œuvre marquée par la joie...avant l'année maudite 1907 qui approche à grands pas...

Le compositeur imagine-t-il, au début de l'écriture de l'œuvre, qu'elle sera interprétée par huit solistes (3 sopranos, 2 contraltos, 1 ténor, 1 baryton, 1 basse), des chœurs de 850 chanteurs (dont 350 enfants) et un orchestre de 171

---

[105] Gustav Mahler, par Henry-Louis de La Grange, Fayard, 2007, page 252.

[106] Gustav Mahler tel qu'en lui-même, par Philippe Chamouard, Editions Connaissances et Savoirs, 2006, page 157.

musiciens (dont 84 cordes), soit en bonne arithmétique 1029 interprètes, donc « plus de mille » ! Ce côté monumental demande des qualités de composition exceptionnelles et de direction orchestrale hors du commun, de la véritable démesure qui n'est pas pour déplaire au compositeur qui possède ces deux qualités : non seulement il réalise la performance d'écrire l'un de ses plus grands chefs d'œuvre mais, ensuite, réussit très brillamment la conduite de la première représentation (à Munich, le 12 septembre 1910). Et de plus il déchaine à la fin de ce concert un triomphe tant de la critique que du public (une autre première pour le compositeur).

La symphonie, d'une durée d'environ une heure vingt-cinq, comprend deux longues parties d'inspiration spirituelle pour la première (vingt-cinq minutes) et humaine (près de soixante minutes) pour la seconde :

- Thème de l'évocation de la Foi : le « VENI CREATOR SPIRITUS » (« Viens Esprit Créateur »), un arrangement d'un hymne latin médiéval du bénédictin Hrabanus Maurus (ou Raban Maure en français), archevêque de Mayence au IXe siècle. Cette œuvre chorale de la fête de la Pentecôte, un des hymnes les plus populaires de la tradition chrétienne, Mahler l'inscrit dans l'esprit des grands oratorios. Cette première partie est surtout chantée et le compositeur a tenu à conserver la langue originelle de l'hymne, le latin

- Thème de l'évocation de l'Humanité : la « SCENE FINALE DU FAUST II », œuvre magistrale de Johann Wolfgang Goethe (publiée en 1832). Cette seconde partie, chantée en allemand, véritable symphonie dans la symphonie, se veut d'une portée cosmique et doit traduire, selon la volonté de Goethe, une sorte de triomphe de l'humanité sur le mal et l'obscurantisme.

Après deux notes d'un grand orgue, la première partie commence aussitôt par le chant bien connu :

« Viens, Esprit Créateur nous visiter,

Viens éclairer l'âme de tes fils,

Emplis nos cœurs de grâce et de lumière,

Toi qui créas toute chose avec amour ».

Ce « Veni Creator Spiritus », qui clame une croyance populaire millénaire en l'Esprit Saint, constitue pour Mahler une invocation au génie universel de ce monde. Cette première partie, surtout chantée, traduit un merveilleux dynamisme choral appuyé par une musique brillante mettant en valeur un spectaculaire enchevêtrement de voix des solistes, chœurs d'enfants, d'hommes et de femmes qui se termine en apothéose vocale et instrumentale.

Pour sa construction monumentale, le compositeur retient d'abord le Finale du « Faust II » et décide ensuite de lui associer, en première partie, ce « Veni Creator Spiritus » de la manière étonnante que Mahler lui-même va expliciter.

« Faust II » est la suite annoncée par Goethe de sa première pièce « Faust I ». En réalité, l'ouvrage est très différent dans sa tonalité et les thèmes abordés. Elle constitue l'œuvre majeure des dernières années de Goethe. Moins tourmentée, moins tournée vers l'expression des angoisses personnelles, elle aborde davantage les problèmes de l'Humanité, avec même une approche politique et sociale.

Goethe a précisé que « Faust I » était l'œuvre « d'un être troublé par la passion, qui peut obscurcir l'esprit de l'homme ». « Faust II » évoque un monde moins passionnel. Dans un prologue, Goethe pose la question obsédante du salut de l'âme, et rédige ensuite une œuvre qui est une parabole de l'Humanité souffrante, tiraillée entre pensée et action.

Après un long chapitre centré sur Hélène de Troie qui fascine le Docteur alchimiste, « Faust II » relate en final le parcours de son âme et évoque la souveraine du ciel « Mater Gloriosa ». Emportée loin de la terre par les esprits du ciel, l'âme du Docteur traverse d'abord une région intermédiaire où prient de saints anachorètes, auxquels l'auteur donne les noms mystiques de Doctor Marianus (incarnation de Faust), Pater Ecstaticus, Pater Profundus.

Dans cette solitude céleste, les âmes s'épurent pour être lavées des dernières souillures de leur enveloppe terrestre. Une sphère supérieure rassemble des « Anges Novices » (chœur des enfants) qui transmettent l'âme aux saintes femmes, sur lesquelles règne et plane la souveraine du ciel « Mater Gloriosa ». Les trois grandes pénitentes, Magdelaine (Magna Peccatrix), la Samaritaine (Mulier Samaritana) et Marie l'Égyptienne (Maria Aegyptiaca) chantent un hymne à la Sainte-Vierge, en l'implorant. Marguerite (Una Poenitentium), après elles, intercède auprès d'Elle pour l'âme de Faust.

Dans « Faust I », Marguerite marche au supplice et prie pour Faust. Goethe va plus loin dans « Faust II » : Marguerite veut sauver Faust, l'arracher à Méphistophélès et prie pour son âme. Faust meurt mais échappe à la damnation grâce à cette intercession de Marguerite. Celle-ci est bien pour Goethe l'« Eternel Féminin » qui entraine Faust vers les cieux.

A ces suppliques des trois grandes pénitentes et de Marguerite, « Mater Gloriosa » répond par un chant divin, très court (à peine plus d'une minute), d'une intensité exceptionnelle : un des moments les plus émouvants de cette symphonie des superlatifs. Ce superbe chant est interprété par une soprano, huitième soliste dont la prestation est réservée à cette seule intervention de la Reine du Ciel :

> « Viens ! Elève-toi vers des sphères plus hautes !
>
> S'il te pressent il te suivra »

Gustav Mahler atteint à nouveau un niveau de perfection mais cette fois par la voix, à peine accompagnée par la musique, comme ce fut le cas avec l'Adagietto de la cinquième symphonie mais par la seule musique (« La voix humaine serait tout à fait hors de propos ici. Il n'y a pas d'appel pour les mots, tout est dit dans en termes purement musicaux » comme l'a précisé Gustav Mahler). Ce chant inspire à la musicienne et écrivaine Isabelle Werck la belle expression d' « Ave Maria de Mahler »[107].

Ainsi, Mahler traduit en musique, dans une ampleur exceptionnelle, cette quête d'éternité et d'élévation.

La fin de la huitième symphonie délivre un dernier message repris du texte de Goethe :

> « Tout ce qui est éphémère n'est qu'allégorie. L'Imparfait ici trouve l'achèvement.
>
> L'ineffable ici devient événement. L'Eternel Féminin nous entraine vers les cieux.
>
> Toujours ! Toujours ! »

Comme il excelle à le faire, Mahler fait se rejoindre les deux parties de la huitième symphonie dans un Finale qui

---

[107] Gustav Mahler, par Isabelle Werck, collection horizons, 2010, page 117.

termine cette œuvre en apothéose, un peu à la manière de celui de la deuxième symphonie « RESURRECTION ».

Si la première partie de la huitième symphonie se termine par un crescendo impressionnant, la fin de l'œuvre est magistrale, un des sommets de l'œuvre mahlérienne.

Les huit-cent-cinquante-sept solistes et choristes s'unissent à l'ensemble de l'orchestre où se font entendre les cuivres et un déchainement de cymbales, timbales, grosse caisse, tam-tam… que Mahler affectionne tout particulièrement. Ces percussions (11) et cuivres (24) contribuent à créer une ambiance grandiose de montée solennelle vers l'infini : à écouter cette musique, il n'y a pas de doute, Faust est bien sauvé…La fin de cette symphonie est monumentale et céleste.

Mahler précise lui-même la manière très surprenante dont l'inspiration du « Veni Creator Spiritus » lui est venue. Il était parti l'été 1906 à Maiernigg passer des vacances qu'il veut de détente, une fois n'est pas coutume, et il relate qu'un événement extraordinaire s'est produit :

> « le premier jour des vacances, je suis monté à la cabane avec la ferme intention de passer des vacances oisives et à reprendre des forces.
>
> Sur le seuil de mon vieux bureau, le Spiritus creator m'a saisi, secoué et m'a conduit pendant huit semaines jusqu'à l'achèvement de mon œuvre la plus importante »[108].

Du début à la fin, la composition est une sorte de miracle à répétition : Mahler compose la musique sans avoir le texte dont il n'a qu'un vague souvenir. Il le

---

[108] Mahler Mémoires et correspondance, par Alma Mahler, JC Lattès,1980, page 284.

réclame d'urgence à son ami Friedrich Fritz Lôhr (1859-1924), philosophe viennois :

> « S'il te plait, à expédier immédiatement par lettre exprès ! Faute de quoi, elle arrivera trop tard. J'en ai besoin comme créateur et comme créature ! ».

Et à la réception du texte, il constate, interloqué, qu'il s'adapte syllabe après syllabe à la musique qu'il vient d'écrire !

L'élan et l'impétuosité irrésistibles de ce premier accès de créativité furent confirmés plus tard par Alma, lorsqu'elle évoqua les événements de cet été 1906, mettant en évidence l'état d'excitation dans lequel se trouvait à ce moment son mari et ce miracle d'écriture de la musique du « Veni Creator Spiritus » :

> " Il composa et rédigea l'ensemble du chœur d'ouverture sur ces paroles à moitié oubliées. Mais les notes et les mots ne voulaient pas concorder ; la musique l'avait emporté sur le texte. Surexcité, il envoya une dépêche à Vienne et se fit télégraphier la totalité de l'ancien hymne latin. Le texte au complet se mariait exactement avec la musique. Il avait composé, de manière intuitive, la musique pour toutes les strophes."

Comme le souligne son épouse, Mahler a été pris d'une véritable frénésie et a dû vivre intensément cette sorte d'état de grâce, peu habituel chez lui.

Autre miracle : contrairement à son habitude il écrit très vite l'essentiel de cette œuvre monumentale, en environ huit semaines. De plus il n'apportera ensuite que très peu de modifications, démarche également rare chez le compositeur. Une force venue d' « un autre monde » l'aurait-il guidé ?

Mahler est le premier étonné de l'harmonie de la construction à laquelle il arrive :

> « Si incroyable que cela puisse paraître, tout fonctionne parfaitement, au point qu'on ne saurait même pas imaginer ».

Le 18 août 1906, il annonce au chef d'orchestre néerlandais, son ami Willem Mengelberg (1871-1951), l'achèvement de sa symphonie en termes très enthousiastes :

> « Ici je nage dans les notes ! Je viens d'achever ma Huitième. C'est la plus grand-chose que j'aie faite jusqu'à présent. »

Goethe, poète préféré de Mahler, révèle le sens profond qu'il a voulu donner au message final de son œuvre :

> « Tout ce qui est transitoire n'est que parabole, l'imparfait trouve ici son plein accomplissement. Ici ce qui ne pouvait être écrit devient réalité. L'Eternel Féminin nous entraine vers le haut. »

De son côté, Mahler s'est lui aussi beaucoup expliqué sur le sens qu'il veut donner à sa huitième symphonie qu'il considérait comme l'aboutissement de toute son œuvre :

> « Dans les dialogues de Socrate, Platon exprime sa propre philosophie, qui diffère de l'acception habituelle de l' "amour platonique", mais qui, telle quelle, a influencé la pensée durant des siècles, jusqu'à nos jours. Dans son essence, l'amour platonique rejoint l'idée de Goethe selon laquelle tout amour est générateur, créateur, et qu'il existe une "création physique et spirituelle" qui est une véritable émanation de cet "Éros". Vous l'avez dans la dernière scène de Faust, présenté symboliquement. [...] La comparaison entre Socrate et le Christ s'impose et s'est faite spontanément à toutes les époques : dans les deux cas, Eros est créateur du monde »... « L'essentiel est, en l'occurrence l'idée de Goethe, selon laquelle tout amour est une procréation, tout amour est création ; qu'il y a une

procréation physique et spirituelle, laquelle n'est autre que l'épanchement de cet éros »...[109]

« Cette force mystique qui nous attire et que toute créature existante, peut-être même la moindre pierre, ressent avec une absolue certitude au plus profond de son être, ce que Goethe appelle l' Éternel Féminin : cela veut dire le lieu de repos, le but, la force de l'amour... »[110]

De la sorte, Mahler donne un éclairage de sa huitième symphonie : elle est un acte vibrant de foi du compositeur, moins pour le divin que pour l'amour : pour lui, Eros est plus fondateur que Dieu dans ce dessein. Mahler a voulu apporter par sa musique une réponse à toutes les incertitudes de notre monde. Il livre son espérance face aux mystères du monde. Il veut sauver toute l'Humanité par sa musique. En cette année 1906, Mahler vit dans une sorte de sérénité et tous ces événements liés à sa création musicale de ce chef d'œuvre le plonge dans une ambiance mystique qui déteint sur toute sa huitième symphonie.

Ainsi, Mahler est un prophète des Temps Modernes qui prêche pour sa propre religion, l'Amour ...

La huitième symphonie est donc un hymne mahlérien monumental à la joie, grâce à l'amour et tout particulièrement à l'amour féminin. C'est à la Femme que s'adresse son credo, et non à la Sainte, à l'Amour et non à la Foi.

Mahler éprouve un grand respect et une profonde admiration pour la femme. D'abord pour sa mère, Marie, à

[109] Gustav Mahler tel qu'en lui-même, par Philippe Chamouard, Editions Connaissances et Savoirs, 2006, page 205.

[110] Sur les pas de Mahler, film écrit par Alain Duault et Stéphane Ghez, réalisateur, 2013, témoignage de Marina Mahler, petite fille du compositeur, qui lit un extrait d'une lettre de Gustav Mahler.

laquelle il reste très attaché. Ce sera ensuite le cas pour ses proches amies dont Natalie Bauer-Lechner. Il en sera de même pour son épouse Alma. Pour ses filles. L'Eternel Féminin de Goethe est un idéal que partage Mahler. Sur ce point également, il est très en avance sur son temps…

Toute sa vie, le compositeur a été à la recherche d'un au-delà, et il scrute dans sa huitième symphonie les vérités profondes de l'Univers.

Mahler considère qu'il n'est qu'une pièce de cette immense mécanique universelle. Il a une vision réaliste de son rôle, à sa seule échelle, dans l'immensité qui nous entoure et nous interpelle.

Cette vision planétaire du monde, le compositeur l'a déjà mise en évidence dans sa troisième symphonie. Pour Mahler, toutes les créatures terrestres (« peut-être même la moindre pierre ») ont conscience d'une réalité cosmopolite. Les infiniment grand et petit ne peuvent que se rejoindre, selon sa perception. Mais Mahler ne veut pas être enfermé dans une chapelle pour rester libre de sa pensée qui tourbillonne sans cesse à la recherche de l'absolu. Il ne trouvera jamais le repos sur terre, vibrant en permanence d'une suractivité à la limite du raisonnable. Mahler ne veut pas le raisonnable, lui qui est en quête incessante de perfection et d'absolu. A la question « quelle est ma Passion selon Mahler ? » il répond de façon limpide par sa huitième symphonie et notamment par le message de Goethe « L'Eternel Féminin ».

Gustav Mahler dédie cette merveilleuse symphonie à Alma, dans un acte d'amour…

La création de cette huitième symphonie aura lieu le 12 septembre 1910, comme nous le verrons plus loin. Mais dans l'intervalle, de nombreux drames vont frapper le compositeur.

C'est d'abord cette année maudite 1907, la plus tragique de son existence, qui va l'atteindre.

Après cette envolée céleste de la huitième symphonique, Mahler va être ramené brutalement sur terre.

I.5.2 Deuxième période : été 1907 - fin 1907 : longs mois de drames. Les trois coups du destin

Arrive l'année 1907. Elle est d'abord marquée par un événement qui touche Mahler au plus profond de son être : le décès de sa fille ainée, Maria (« Putzi » comme il la surnommait avec énormément d'affection), enfant qu'il aimait d'une tendresse exceptionnelle. Alma, la maman, relate en des termes brefs et sobres les moments d'angoisse que les parents ont vécus côte à côte, veillant sur « Putzi », pendant des heures interminables, dans un désarroi total. Le père ne pourra jamais évoquer cet événement terrible, se murant dans un silence total. Dans son testament, il se limitera à indiquer qu'il veut rejoindre, dans sa dernière demeure, sa petite « Putzi ». Sa volonté sera bien sûr respectée.

C'est à Maiernigg que survient le drame, endroit où la petite famille a passé ses plus heureux moments, bien éphémères. Quant à Alma, après un choc aussi violent, elle rappelle à son mari son attitude provocatrice avec la composition des « kindertotelieder » (« Chants pour enfants morts »). Ce reproche pathétique de la maman va encore augmenter la douleur du père totalement perdu. Mais désormais, il est trop tard. Le couple est profondément ébranlé et marqué à vie par ce décès. Il doit faire face à d'extrêmes difficultés.

Richard Specht (1870-1932), musicologue autrichien, a entretenu des relations privilégiées avec Gustav Mahler. Au sujet des « Chants pour enfants morts », il relate ses échanges avec le compositeur :

> « s'il avait eu des enfants à cette époque, il n'aurait jamais été capable de concevoir ce chef-d'œuvre plus poignant encore par la tristesse contenue, la douceur élégiaque de la berceuse dolente et finale que par les puissantes éruptions de douleur titanique du commencement, Mahler lui-même considérait plus tard ce cycle comme un défi sacrilège lancé à la destinée dont la main l'avait si cruellement frappé ».

D'après Specht, Mahler réalisera donc avoir commis un acte provocateur. Mais ce sera après le drame.

Richard Specht poursuit :

> « Personne n'a jamais entendu ces cinq morceaux sans être profondément remué par leur beauté impérissable. Le cycle « Sur la mort d'enfants » et « Le chant de la Terre » constituent le gage le plus sûr de l'immortalité du maître.[...]" ».

Certes, mais à quel prix ?

De son côté, Stefan Zweig évoquera

> « la force, l'expression inouïe de la douleur des Chants pour enfants morts... »[111].

Je me limite à ce seul commentaire personnel dans ce livre : j'ai vécu, aux côtés de mon épouse, le même drame que Gustav et Alma Mahler, le départ pour toujours de notre jeune enfant unique. Face à cette tragédie, sans doute aucun la pire que peuvent endurer des parents, il existe une sorte de chaine de partage de la douleur, qui traverse

---

[111] Le retour de Gustav Mahler, par Stefan Zweig, Actes Sud, 2015, page 16.

le temps : la compréhension immédiate de ce que ressentent des parents confrontés à un tel événement tragique. La profonde admiration que j'éprouve pour Gustav Mahler intègre ce drame plein de mystères bouleversants.

Par moment, le compositeur traduit dans sa musique cette peine extrême, toujours avec une grande dignité. Il nous fait alors quitter la terre pour toucher à des espaces célestes où cette blessure de toute une vie est sublimée.

Deuxième coup du destin : toujours la même année, Mahler apprend qu'il est atteint d'une très grave maladie du cœur.

Ensuite, à l'Opéra de Vienne, il est assailli de mesquineries, tracasseries, critiques acerbes, allusions antisémites… et, écœuré, il présente sa démission en 1907.

C'est le troisième coup du destin qui le met dans une situation professionnelle précaire qu'il n'a jamais connue.

A ce moment de désarroi extrême, Mahler se réfugie à nouveau dans son travail de composition dont il a d'autant plus besoin que la période qu'il traverse est à la limite du supportable. Il se lance dans l'écriture du « Chant de la Terre », œuvre qui peut être considérée comme le testament de Mahler. Par sa force de caractère exceptionnelle, il arrive une nouvelle fois à faire face et à se tourner vers l'avenir : il accepte une proposition du Metropolitan Opera de New York (le « MET ») pour diriger des concerts symphoniques et opéras. Il doit cette brillante nomination à sa réputation désormais mondiale de chef d'orchestre et directeur d'opéra d'un niveau exceptionnel.

I.5.3. Troisième période : fin 1907 - été 1910 : de grands changements dans sa carrière de chef et premiers testaments musicaux

« Le chant de la Terre »
Trois saisons musicales aux Etats-Unis
La neuvième symphonie

I.5.3.1. « Le chant de la Terre » : la composition salvatrice (1907-1908 création en 1911 par Bruno Walter). Premier testament du Maître

Mahler, ouvert à toutes les cultures, est séduit par d'émouvants poèmes chinois contenus dans un ouvrage qui vient d'être publié (1907), « La flûte chinoise », de Hans Bethge (1876-1946), auteur allemand. Ceux-ci évoquent la beauté de la nature et l'éphémère vie des hommes, deux thèmes qui sont particulièrement chers à Mahler et, en cette période si dure, lui apportent une certaine consolation. Hans Bethge, qui maitrisait de nombreuses langues, a traduit et adapté des poèmes chinois notamment de Lǐ Bái, poète du VIIIème siècle, de la dynastie Tang, surnommé « Prince de la poésie » par ses contemporains. Il choisit d'autres poètes chinois : Quian Qi, Meng Hao-ran et Wang Wei, contemporains de Lǐ Bái.

Le recueil de Hans Bethge comporte environ quatre-vingt poèmes. Mahler en retiendra six. Ils évoquent des scènes simples de la vie et de la nature présentées en six tableaux mettant en évidence les thèmes chers à Mahler : la misère de l'homme, la brièveté de son séjour ici-bas, la beauté de la nature…

Mahler les met en musique pour une interprétation en alternance par deux solistes mêlant une évocation du vin et de l'ivresse, de la jeunesse, de la beauté, de la mélancolie, de la mort…selon cet enchainement :

« Chant à boire de la douleur de la terre » (Lĭ Bái)
« Le Solitaire en automne » (Quian Qi)
« De la jeunesse » (Lĭ Bái)
« De la beauté » (Lĭ Bái)
« L'Ivrogne au printemps » (Lĭ Bái)
« L'Adieu » (Meng Hao-ran et Wang Wei).

Selon son habitude, Mahler modifie certains textes pour que ceux-ci expriment très exactement les messages qu'il veut passer. Cette liberté d'écriture ne le gêne nullement.

Mahler qui aime beaucoup la Terre a retenu un titre original la personnifiant.

Il faut prêter l'oreille pour entendre le chant doux et mélancolique de la Terre qui, après quelques notes musicales introductives, plonge très vite l'auditeur dans l'ambiance voulue par le compositeur :

« Dans sa coupe d'or le vin nous convie.

Mais ne buvez pas avant que je ne vous chante ma chanson.

La chanson du chagrin résonnera joyeusement en votre âme.

Quand vient le chagrin, les jardins de l'âme sont déserts

Joie et chants se fanent et se meurent.

…

Sombre est la vie. Sombre la mort. »

Si ces textes sont tristes, ils traduisent néanmoins une sorte de sérénité que Mahler semble avoir retrouvée après des mois tragiques.

Mais le compositeur est conscient que cette année 1907 l'a considérablement rapproché de la mort, sa hantise de toute une vie. Avec la disparition de la petite Maria, le meilleur de lui-même serait-il également parti ?

Le premier poème du « Chant de la Terre » débute donc par l'évocation chantée par un ténor du thème de l'ivresse, remède à toutes nos peines. Mais elle ne dure guère et revient la réalité triste : « sombre est la Vie, sombre est la Mort ». Une note d'espoir réapparait :

> « le firmament depuis toujours est bleu, la Terre longtemps encore fleurira au printemps. La Terre reste inchangée ». Ensuite revient la sinistre réalité :
>
> « Mais toi homme combien de temps vivras-tu…pour goûter aux vanités pourries de la Terre ? Sombre est la vie, sombre est la mort ».

L'apparition chantée d'un singe hurlant sur des tombeaux assombrit encore la scène et incite …à boire. C'est une difficulté qu'impose Mahler aux ténors qui doivent imiter le cri de cet animal, vraie prouesse vocale…

Le deuxième poème évoque la douceur de l'automne qui va laisser sa place à l'hiver glacial. La lassitude règne et le chant traduit un besoin de réconfort. Viennent les pleurs dans la solitude.

Suit dans le troisième poème une évocation douce de la jeunesse, près d'un pavillon où tout est paisible. L'ambiance est heureuse[112].

Vient ensuite, dans le quatrième poème, le thème de la beauté : des jeunes filles cueillent des fleurs de lotus sur la rive, la magie de leur parfum flotte dans l'air, de beaux garçons sur leurs chevaux ne sont pas loin…C'est une évocation tout en douceur de la beauté.

Après surgit dans le tableau suivant un ivrogne qui ayant trop bu sombre dans le sommeil. Un oiseau le réveille et lui annonce l'arrivée du printemps…et rit. L'ivrogne se remet à boire et à chanter. Peu lui importe le printemps, il plonge à nouveau dans le sommeil…

---

[112] La musique de ce poème qui est reprise dans le film de Gérard Corbiau « Le Maitre de Musique ».

Le sixième tableau, composé de deux poèmes qui s'enchainent, évoque d'abord la tombée de la nuit, dans une ambiance paisible qui incite au rêve. Le poète attend un ami qui tarde à venir pour un dernier adieu, et ils vont profiter ensemble de la beauté du moment. Après un interlude musical, le « Chant de la Terre » se termine par un dernier message de l'ami qui explique ne pas avoir été heureux sur cette terre et s'en va errer dans les montagnes…à la recherche du repos. L'œuvre s'achève par le chant d'adieu selon ce message délivré par la soprano dans une mélodie touchante :

> « Je chemine vers mon pays, ma demeure. Je n'irai plus courir le monde.
>
> Mon cœur est paisible. Il attend son heure
>
> Partout la Terre bien aimée, partout, fleurit au printemps et verdit à nouveau.
>
> Partout…et éternellement l 'horizon se pare d'azur.
>
> Eternellement … Eternellement… Eternellement… Eternellement… »

C'est le message du poète chinois et surtout celui de Mahler.

Une douce sonorité mélancolique traduit une dernière fois l'amour de la Terre et se termine sur une note d'espoir : une nouvelle évocation du merveilleux retour du printemps et le firmament qui se pare d'azur… Mahler opte dans ce Finale pour un long adagio, comme dans sa troisième symphonie, pour marquer d'une grande douceur ce message d'adieu.

Une harmonie étonnante entre la musique et la voix traduit un apaisement dans l'esprit du compositeur après la succession de drames.

Non seulement Mahler ne laisse pas paraître d'amertume mais il exprime avec une sorte de tendresse son attachement à la Terre malgré tout ce qu'il vient de vivre. Bien que profondément ébranlé, il demande à cette Terre qu'il continue d'aimer de chanter à tous son message d'éternité printanière.

C'est le testament de Mahler.

A ce moment d'adieu du compositeur, rappelons la citation reprise en début de ce livre, qui prend ici tout son sens :

> « Je sais maintenant que je suis pénétré des choses les plus grandes et les plus douloureuses, et destiné à les porter en moi, sans les laisser profaner, toute ma vie ».

Il porte ses douleurs comme une croix. Il les accepte et quoi qu'il lui arrive, il reste tourné vers l'avenir.

Sur le plan musical, Henry-Louis de La Grange relève que Mahler compose une œuvre d'un genre nouveau qui harmonise Lieder et symphonie, réalisant de la sorte

> « Une synthèse inédite de ces deux genres que tout oppose ».

Il précise que son côté novateur est :

> « La préfiguration d'un des principes essentiels de la composition sérielle de Schönberg ».

La Grange dissèque les innovations du Maître et relève que :

> « Seul un chef d'une rare maîtrise peut faire face à de si redoutables difficultés.
>
> Mahler lui-même a un jour désigné un passage du Finale à son disciple Bruno Walter, en lui demandant : "Avez-vous la

moindre idée de la manière dont on pourrait diriger cela ? Moi pas ! »[113].

Le musicologue se livre ensuite à une analyse détaillée des six tableaux. Il conseille à raison d'écouter le concert avec, à la main, le texte des poèmes qu'il juge indispensable pour la compréhension de l'œuvre. La Grange donne des explications très éclairantes sur toutes les subtilités techniques de composition de l'œuvre mais dans lesquelles, non musicologue, je ne puis m'aventurer…

Gustav Mahler choisit des instruments qui rappellent la Chine : un célesta, une mandoline, une harpe, un tambourin…

Le compositeur termine l'écriture du « Chant de la Terre » en 1908.

Cette œuvre grandiose sera créée par le fidèle Bruno Walter le 20 novembre 1911 à Munich, quelques mois après le décès de son Maître.

Joué à de nombreuses reprises, le « Chant de la Terre » a notamment été dirigé avec brio par un grand connaisseur de Mahler, le chef Hartmut Haenchen, dans le cadre majestueux de la Basilique de Saint Denis, à côté de Paris, avec l'Orchestre National de France et les solistes Karen Cargill, mezzo-soprano britannique, et Brandon Jovanovich, ténor américain. Ce concert a été donné dans le cadre du Festival de Saint-Denis, le 8 juin 2017.

« Le chant de la Terre » est-il une symphonie et, si oui, s'agit-il de la neuvième ?

---

[113] Gustav Mahler, par Henry-Louis de La Grange, Fayard, 2015, page 338.

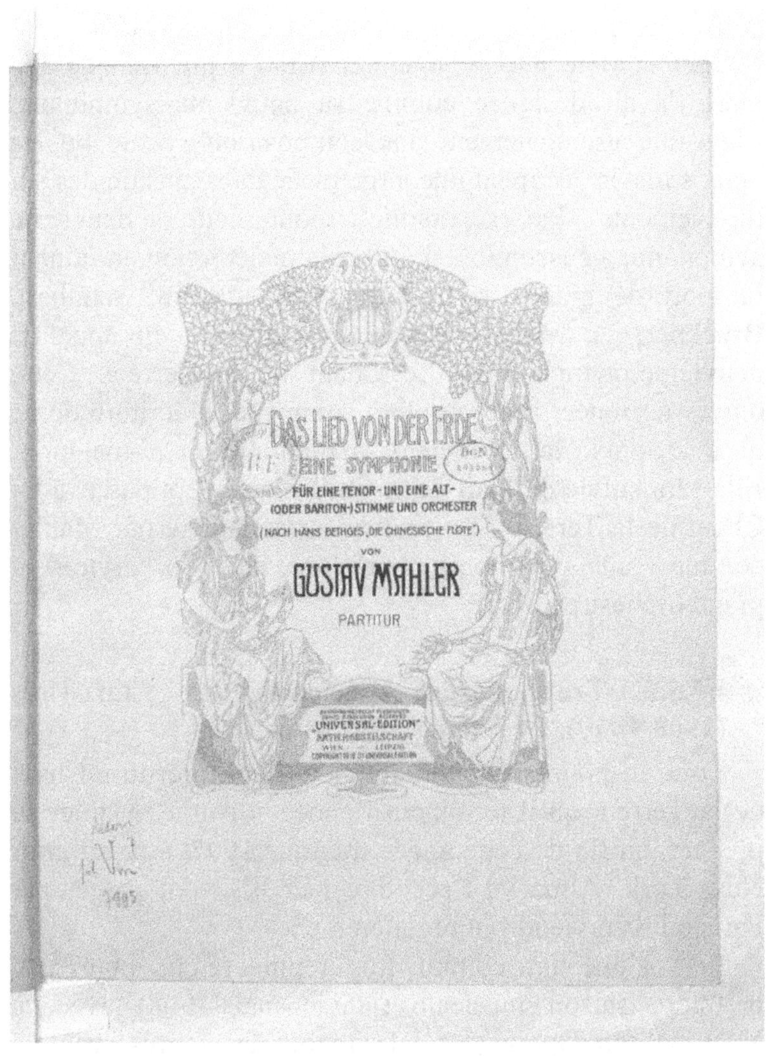

Partition du « Chant de la Terre » UNIVERSAL- EDITION (Vienne 1912)

Bibliothèque nationale de France

Au début de l'écriture, cette œuvre est considérée par Mahler comme une symphonie. Alma a précisé que son mari l'avait désignée comme sa neuvième symphonie. Mais elle est également une composition vocale où les deux solistes occupent une large place dans chacun des six mouvements. Par superstition pour cette « neuvième symphonie » susceptible d'attirer la malédiction entrainant la mort de grands compositeurs (Beethoven, Schubert, Bruckner,…), Mahler semble avoir hésité en appelant neuvième symphonie « Le Chant de la Terre ». Cette œuvre terminée, il aurait alors commencé l'écriture de ce qu'il a appelé la « neuvième symphonie en ré-majeur ». Elle sera suivie de la dixième qu'il n'achèvera pas… « Le Chant de la Terre » sera finalement considéré par Mahler comme « une symphonie pour ténor, alto (ou baryton) et grand orchestre ».

I.5.3.2. Trois saisons musicales aux Etats-Unis (1908-1910). Et retours en Europe

Tout en poursuivant durant l'été l'écriture du « Chant de la Terre » qu'il terminera l'année suivante, Mahler se prépare, en fin de cette année tragique 1907, à partir pour New York. Alma va l'accompagner. Ils vont passer par Paris où ils reviendront régulièrement.

Il a signé un contrat très rémunérateur pour une première saison musicale (janvier-mai 1908) avec le Metropolitan Opera (« MET »), tout en se réservant la possibilité de continuer à diriger en Europe des concerts.

Son adaptation au monde new yorkais se passe très bien, et les premiers succès orchestraux sont au rendez-vous. Par contre le premier retour en Europe sera une nouvelle épreuve pour Mahler.

Lorsqu'il rentre en Autriche en mai 1908, le couple Mahler ne retournera jamais à Maiernigg, lieu du cauchemar. C'est désormais au Tyrol, à Toblach (devenue l'italienne Dobbiaco), qu'ils iront l'été et que Gustav Mahler poursuivra son travail de composition.

Bruno Walter, confident toujours très proche, écrit alors :

> « Une nouvelle fois, le regard de Mahler se détourne du monde. Son cœur est menacé ; il a le pressentiment de sa mort prochaine. L'homme en quête de Dieu affronte une crise suprême »[114].

Mahler lui enverra alors une lettre traduisant les moments très difficiles qu'il traverse :

> « J'ai tant souffert au cours des derniers dix-huit mois que je puis à peine en parler. Comment pourrais-je essayer de décrire une crise aussi accablante ?....[115]

Le même été 1908, le compositeur doit suspendre ses nombreuses activités sportives et cette privation va beaucoup l'affecter. Il écrira à nouveau à Bruno Walter :

> « Depuis bien des années, je m'étais habitué à faire sans cesse des exercices violents, à courir les forêts et les cimes pour en rapporter des esquisses (musicales) comme un butin conquis de haute lutte... »[116].

Mais l'arrêt brutal d'exercices physiques dont il a grand besoin lui fait penser qu'il est désormais incapable de continuer à composer.

---

[114] Gustav Mahler, par Bruno Walter, Collection Pluriel, 1979, page 170.

[115] Idem, page 172.

[116] Gustav Mahler, par Henry-Louis de La Grange, Fayard, 2015, page 317.

A nouveau, il fait part de son désarroi à Bruno Walter :

« Depuis que m'a saisi cette terreur panique, à laquelle j'ai un jour succombé, je n'ai rien essayé d'autre que de regarder et d'écouter autour de moi[117].

« Si je veux pouvoir retrouver le chemin de moi-même, il faut que j'accepte les affres de la solitude,..Ce n'est certes pas une peur hypocondriaque de la mort, comme vous le supposez. Je sais depuis longtemps que je devrai mourir... Je dis tout simplement que d'un seul coup, j'ai perdu tout calme et la paix intérieure auxquels j'étais parvenu.... Désormais, arrivé au terme de mon existence, je dois commencer à apprendre à marcher et à me tenir debout »[118].

Mahler est profondément perturbé. Alma décrit ainsi cette période de 1908 :

« Ce fut le plus triste de nos étés, chaque tentative de distraction se soldait par un échec. La chaleur et l'angoisse nous poursuivait partout »[119].

En plein doute, il va se réfugier dans la fin de la composition du « Chant de la Terre ».
Alma écrira :

« Le travail était son seul salut. Il travaillait comme un esclave au « Chant de la Terre » et aux premières ébauches de la Neuvième »[120].

---

[117] Gustav Mahler, par Henry-Louis de La Grange, Fayard, 2015, pages 317-318.
[118] Gustav Mahler, par Bruno Walter, Collection Pluriel, 1979, pages 170-171.
[119] Mahler Mémoires et correspondance, par Alma Mahler, JC Lattès, 1980, préface de Henry-Louis de La Grange, pages 130-131.
[120] Gustav Mahler, par Bruno Walter, Collection Pluriel, 1979, page 252.

Il terminera « Le Chant de la Terre » avant de repartir aux Etats-Unis. Une fois encore, Mahler vient de surmonter une crise grâce à son travail de composition.

Il enverra un nouveau message à Walter, de tonalité bien différente, prouvant sa capacité de réaction qui heureusement ne le quitte jamais :

> « J'ai travaillé avec beaucoup de zèle et vous pourrez juger par là que je me suis bien acclimaté.
>
> « Je ne peux rien faire que travailler, je n'ai rien appris d'autre au cours des années … »[121].

Une fois encore Mahler repart au combat.

Alma relate à ce moment un épisode familial touchant : travaillant à sa partition du « Chant de la Terre », Gustav gomme, selon son habitude, des notes au crayon et sa fille Anna le regardant un long moment lui dit :

> « Papi, je n'aimerais pas être une note.
>
> Pourquoi ?
>
> Parce qu'alors tu pourrais me raturer et me faire disparaître !
>
> Il fut si charmé de cette réflexion qu'il vint tout de suite me la raconter »[122].

De fait le père, très frappé, arrête aussitôt son travail, ce qui est très rare, et va voir son épouse pour partager avec elle ce moment de tendresse.

Fin 1908, c'est le deuxième départ pour New York où le compositeur rejoint d'abord le MET. En décembre, Mahler dirigera la création new Yorkaise de sa deuxième

---

[121] Gustav Mahler, par Bruno Walter, Collection Pluriel, 1979, page 252.

[122] Mahler Mémoires et correspondance, par Alma Mahler, JC Lattès, 1980, préface de Henry-Louis de La Grange, page 165.

symphonie assez bien accueillie quoi que le public américain soit très peu préparé à ce genre de musique d'avant-garde.

Il restera au MET deux saisons et donnera son dernier concert comme chef permanent en mars 1909. Lui succédera un certain…Arturo Toscanini[123].

Pour cette deuxième saison musicale américaine, les Mahler s'installent à l' « Hôtel Savoy », avec une très belle vue sur Central Park. L'air et l'ambiance de New York conviennent bien au compositeur autrichien qui a retrouvé des forces et se sent en forme. Il se détend souvent dans le parc, retrouvant la nature au milieu des gratte-ciels…

Après le MET, pour les deux saisons suivantes, Mahler sera chef de l'Orchestre Philharmonique de New York (N.Y. Philarmonic)[124]. Il donnera son premier concert au Philarmonic également en mars 1909.

Aux Etats-Unis, il dirigera opéras et concerts avec une maîtrise qui impressionne le public et les critiques musicaux new yorkais : ils ne sont pas habitués à un tel niveau de qualité.

A la fin de la deuxième saison à New York, en mai 1909, les Mahler sont de retour en Europe et repasseront par Paris. Gustav rencontrera Auguste Rodin. Il va réaliser le célèbre buste du compositeur après plus d'une dizaine de séances de pose, marquées par l'impatience habituelle de Mahler qui considère perdre son temps...

---

[123] Les relations entre ces deux chefs très exigeants, au sommet de leur gloire, ne pouvaient qu'être explosives.

[124] Suite à une réorganisation importante de l'orchestre en 1909, Mahler sera sollicité pour en devenir le chef principal.

En fait, Rodin a été impressionné par une interprétation de Mahler du « Figaro » de Mozart et est donc heureux de le rencontrer. Il finalisera deux bustes, l'un en marbre, et l'autre, le plus connu, en bronze[125]. Un exemplaire de ce beau buste en bronze figure au musée Rodin à Paris et à l'Opéra de Vienne où beaucoup réalisent la perte immense liée au départ de Gustav Mahler. Certains se posent la question de la possibilité de faire revenir à l'Opéra de Vienne cet homme au talent immense. Les mesquineries antisémites leur paraissent ridicules. Mais bien sûr c'est trop tard, Mahler a tourné la page viennoise pour écrire celle des Etats-Unis.

Plus tard, Rodin réalisera un buste en marbre « Mozart » en s'inspirant de celui de Mahler. C'est un bel hommage rendu aux deux compositeurs autrichiens par le sculpteur français qui les admire.

Mahler ne commencera la composition de sa neuvième symphonie qu'en 1909, son programme très chargé à New York ralentissant un peu le rythme de sa création musicale.

Par contre, il reprendra des tournées européennes en Russie, Finlande, Pays-Bas, Italie, France.

Fin 1909, les Mahler repartent à New York pour une troisième saison musicale et un retour en Europe au printemps 1910.

---

[125] Rodin se serait inspiré des propos de Paul Clémenceau, ami des Mahler, relatant cette réflexion du compositeur : « si je n'étais pas obligé de porter des lunettes , je dirigerais avec mes yeux ». Mahler était renommé pour son « regard d'aigle » qui impressionnait musiciens et public…Paul est le frère de George Clémenceau.

I.5.3.3. La neuvième symphonie (1909- 1910, création en 1912). Nouveau chef d'œuvre

C'est donc à Toblach que Mahler commence l'écriture de sa neuvième symphonie, en ré majeur, au retour de sa deuxième saison musicale à New York. Dans ce bel endroit des Dolomites, il retrouve un peu de calme pour se lancer à nouveau dans son travail de créateur qui va une nouvelle fois lui permettre de retrouver « le chemin de lui-même » selon ses termes.

Après « Le Chant de la Terre », cette nouvelle œuvre très attachante peut, elle aussi, être considérée comme un testament musical de Mahler toujours très marqué par les événements dramatiques récents.

Ceux-ci l'ont touché profondément et le portent à penser encore davantage à la mort, mais cette fois sans doute à la sienne. Pour autant, Mahler n'a jamais été centré sur son propre destin mais est tourné vers les autres, vers l'infini, sa préoccupation permanente restant le devenir de l'Humanité. Il est plus que jamais à la recherche d'un au-delà sentant sans doute qu'il s'en rapproche pas à pas.

C'est ainsi qu'il déclare à ce moment :

> « Comme il est absurde de se laisser submerger par les tourbillons du fleuve de l'existence ! D'être infidèle, ne fut-ce qu'une seule heure, à soi-même et à cette puissance supérieure qui nous dépasse »[126].

Alors qu'il vient de vivre un épisode très douloureux de son existence, qu'il a tout quitté de son passé autrichien, tant son activité professionnelle que le cadre de son enfance, il vit sur un autre continent une nouvelle

[126] Gustav Mahler, par Henry-Louis de La Grange, Fayard, 2015, page 458.

expérience, mais reste une fois encore fidèle au grand idéal qui l'inspire : Gustav Mahler est capable de tout remettre en cause pour poursuivre inlassablement sa haute mission musicale dont il continue à se sentir investi.

Cette neuvième symphonie, comme « Le Chant de la Terre » et la dixième non achevée, est empreinte d'un caractère funèbre, loin de l'ambiance heureuse de la huitième symphonie.

Alma a relevé que son mari considérait cette œuvre comme la dixième symphonie mais il la nomme neuvième une fois achevée, par superstition.

L'œuvre, d'une durée d'environ une heure trente, est composée de quatre longs mouvements :

- Andante comodo
- Im Tempo eines gemächlichen Ländler (« au rythme tranquille d'une dance tyrolienne »)
- Rondo –Burleske
- Adagio.

Le premier mouvement est bouleversant, avec des alternances de douce mélancolie, de sonorités grinçantes et d'évocations sombres. On entend des cloches au loin…

Mahler a annoté de sa main la partition :

> « Ô Jeunesse ! Disparue ! Ô amour ! Envolé »

et plus loin, il évoque cet Adante comodo

> « comme un lourd cortège funèbre »[127].

Ce mouvement est jugé par beaucoup de spécialistes comme le plus riche dans la conception musicale de Mahler avec un subtil mélange de sensibilité émouvante et de source populaire à laquelle il continue à tenir. Il

---

[127] Gustav Mahler tel qu'en lui-même, par Philippe Chamouard, Editions Connaissances et Savoirs, 2006, page 174.

constitue une sorte de sommet dans la créativité du compositeur qui, à la fin de sa carrière, puise dans toute son expérience pour en faire une sorte de synthèse.

C'est ce que pense Bruno Walter qui apporte le témoignage suivant :

> « L'ambiance sereine est ensuite bousculée par l'évocation de la mort qui n'est jamais loin. L'andante comodo de la neuvième symphonie reste certainement le mouvement considéré comme le plus complet écrit de la main de Gustav Mahler. D'une intensité émotionnelle exacerbée, cette page concentre à elle seule toutes les caractéristiques du style mahlérien : mélange du savant et du populaire, tempos et nuances très contrastés, orchestration aux sonorités alternées (mouvantes, fluides, claironnées, tranchantes). Elle met en application des orientations prises par le compositeur au fur et à mesure de ses œuvres, comme l'usage du style contrapuntique et de la polyphonie. »

Le deuxième mouvement plus vif est une danse mais dans une ambiance tout autre que Theodor W. Adorno, compositeur et musicologue allemand, a qualifiée dans son livre sur Mahler « Une physionomie musicale » (1960) de « Dance macabre »[128]. Le thème majeur revient avec une insistance obsessionnelle, comme une vague sans cesse déferlante. Une nouvelle fois le sublime et le populaire se mélangent avec un grand naturel voulu par Mahler.

Dans le rondo, le rythme s'accélère fortement avec une nouvelle danse teintée de couleur sombre. Elle est suivie d'une marche aux allures lugubres. De nouveau c'est dans un rythme accéléré que se termine ce troisième

---

[128] Mahler, une physionomie musicale, par Theodor W. Adorno, Les Editions de minuit, 1960, traduit de l'allemand et présenté par JL Leleu et T. Leydenbach, 1960, page 236.

mouvement. De ce rondo qu'il juge « un morceau de virtuosité désespéré »[129], Adorno fera ce commentaire :

« Il n'y a que la musique qui puisse ainsi emporter dans un même tourbillon la vie terrestre et la fatalité de la mort »[130].

L'écrivain et critique suisse William Ritter (1835-1912) écrira de manière élogieuse :

« Jamais dans le métier, jamais dans l'art, la vie n'avait ainsi été introduite : non pas de la vie, un peu de vie, mais toute la vie, toute l'humanité. Jamais depuis Shakespeare »[131].

Le quatrième mouvement, beaucoup plus calme, apaisé, est une sorte d'adieu. Dans la partition, Mahler a noté :

« Adieu ! Adieu ! ».

Ce Finale est d'une douceur par moment extrême. Mahler qui nous a habitués à des derniers mouvements d'un crescendo souvent époustouflant, termine ici cette superbe symphonie dans une tonalité d'une délicatesse d'autant plus merveilleuse qu'elle n'est pas habituelle chez lui. On comprend son annotation à la main : d'une touchante tendresse, ce Finale exprime un adieu du compositeur, dans une sérénité en partie retrouvée, confronté aux grands mystères de la vie.

Ce quatrième mouvement se termine, après une envolée légère, par une sonorité qui ne cesse de s'adoucir, la symphonie s'achevant dans un quasi silence... C'est une

---

[129] Mahler, une physionomie musicale, par Theodor W. Adorno, Les Editions de minuit, 1960, traduit de l'allemand et présenté par JL Leleu et T. Leydenbach, 1960, page 238.

[130] Mahler, une physionomie musicale, par Theodor W. Adorno, Les Editions de minuit, 1960, traduit de l'allemand et présenté par JL Leleu et T. Leydenbach, 1960, page 238.

[131] Gustav Mahler, par Henry-Louis de La Grange, Fayard, Tome III, Le Génie foudroyé,1984, page 1211.

des pages les plus touchantes écrites par Mahler. Elle complète merveilleusement l'adieu du Finale du « Chant de la Terre ».

Il apparaît donc que cette neuvième symphonie est à nouveau un testament de Mahler qui, toujours très intuitif, doit sentir sa fin de vie approcher et lance un message d'adieu à ce qu'il aime le plus, « la beauté et l'amour »…mais avec une tonalité de paix d'un être en harmonie avec lui-même et tout ce qui l'entoure.

Au sujet de sa neuvième symphonie, Mahler écrit en août 1909 à Bruno Walter :

> « J'ai beaucoup travaillé et suis en train d'achever ma nouvelle symphonie. L'œuvre elle-même est un heureux enrichissement de ma petite famille (pour autant que je la connaisse vraiment, car j'ai écrit jusqu'ici comme un aveuglément, pour me libérer). Maintenant, je commence tout juste à orchestrer le dernier mouvement et je ne me souviens même plus du premier… J'ai écrit la partition avec une extrême rapidité. Elle est encore complètement illisible, excepté pour moi… »[132]

Le musicologue français Marc Vignal (1936-) souligne à raison que cette symphonie est :

> « Une réflexion sur la Mort et un second chant d'adieu à la Terre ».

Une appréciation très touchante de cette œuvre figure dans une lettre d'Alban Berg (1885-1935), compositeur autrichien, envoyée à son épouse, sans doute en 1912 :

> "J'ai de nouveau joué d'un bout à l'autre la Neuvième Symphonie de Mahler. Le premier mouvement est la chose la plus magnifique de tout ce que Mahler a écrit. C'est

[132] Gustav Mahler tel qu'en lui-même, par Philippe Chamouard, Editions Connaissances et Savoirs, 2006, pages 173-174.

l'expression d'un amour inouï pour cette terre, le désir d'y vivre en paix et, quant à la nature, d'en jouir encore jusqu'au bout dans toute sa profondeur, avant que la mort ne vienne. Car elle vient irrésistiblement. Tout ce mouvement repose sur le pressentiment de la mort. Encore et toujours elle est présente. » **« Les trésors que la terre peut encore lui apporter, il veut en jouir, et aussi longtemps qu'il le pourra : il veut loin de tout ennui... se créer un chez-soi, pour aspirer à longs traits, toujours, toujours plus profonds, cet air terrestre le plus pur pour que le cœur - le cœur le plus magnifique qui ait battu parmi les hommes - ... se dilate toujours plus, avant qu'il doive ici cesser de battre »[133].**

C'est un des plus beaux témoignages d'un artiste, adressé à Mahler à la fois pour la qualité musicale exceptionnelle de cette œuvre qu'il vient de rejouer et la merveilleuse personnalité du compositeur traduite de façon émouvante dans la dernière partie de cette citation (**je la mets en gras**). Elle décrit si bien tout le personnage Mahler en quelques mots exprimés avec une réelle affection.

La création de la symphonie a eu lieu un an après la mort du compositeur, le 20 juin 1912, sous la direction de Bruno Walter, avec l'Orchestre philharmonique de Vienne. Ainsi, Gustav Mahler n'entendra jamais sa neuvième symphonie, pas davantage « le Chant de la Terre ».

Arnold Schönberg fera ce commentaire :

« Sa Neuvième est des plus étonnantes. Ici, Mahler ne semble pas s'exprimer en son nom propre. On dirait que l'œuvre est celle d'un créateur caché qui fit de Mahler son

---

[133] Gustav Mahler tel qu'en lui-même, par Philippe Chamouard, Editions Connaissances et Savoirs, 2006, pages 173-174.

messager, son porte-parole. Elle ne fait plus entendre d'accent personnel. Elle dispense, si l'on peut dire, un message purement objectif, une expression de beauté dépouillée, de passion que seuls peuvent comprendre ceux qui sont capables de s'abstraire de toute attache terrestre et de se sentir à l'aise dans un monde spirituel éthéré...Il semble qu'il ne soit pas possible d'aller au-delà d'une Neuvième ; celui qui s'y essaie doit quitter ce bas-monde. C'est comme si chaque Dixième Symphonie devait nous dispenser un message qu'il nous est interdit de recevoir, parce que nous ne sommes pas encore prêts. Ceux qui écrivent une Neuvième Symphonie se trouvent déjà trop près de l'Au-delà ... »[134].

Il est révélateur de souligner que c'est en découvrant cette neuvième symphonie, dirigée par Bruno Walter en décembre 1945 à Carnegie Hall, que Henry-Louis de La Grange a ressenti une fascination pour Mahler. Très touché par l'œuvre qu'il vient d'entendre, il va décider de consacrer à la musique de Mahler tout le reste de sa longue existence...

Toujours à Carnegie Hall, Carlo Maria Giulini dirigera la neuvième symphonie en mars 1972, avec le Philadelphia Orchestra.

Leonard Bernstein a donné plusieurs concerts avec cette symphonie comme œuvre principale, notamment avec le Vienna Philharmonic.

Au Suntory Hall de Tokyo, Christoph Eschenbach en assure la direction à la tête du Philadelphia Orchestra en juin 2005.

En mai 2006, Eliahu Inbal qui a obtenu un Grand Prix du disque (*Deutscher Schallplattenpreis),* et jouit d'une

---

[134] Gustav Mahler tel qu'en lui-même, par Philippe Chamouard, Editions Connaissances et Savoirs, 2006, page 174.

reconnaissance internationale pour ses enregistrements de Mahler, a dirigé cette neuvième symphonie à Berlin, au Konzerthaus avec le Berliner Sinfonie Orchester (localisé à sa création à Berlin-Est, rebaptisé en 2006 Konzerthaus).

Claudio Abbado dirigera en septembre 2010 cette symphonie au Festival de Lucerne et, à la fin de l'œuvre, après être resté dans un long silence, recevra une ovation du public debout, sous une pluie de pétales de fleurs. Ce succès a dû rappeler à Abbado l'accueil identique qu'il a reçu en 2005 au même Festival pour son interprétation de la deuxième symphonie de Mahler.

Hartmut Haenchen a livré une belle interprétation de la neuvième symphonie, à la tête de l'Orchestre philharmonique de Radio France, en mars 2018 (heureusement enregistrée en direct depuis l'Auditorium de la Maison de la Radio à Paris). L'orchestre a suivi l'inspiration donnée par son chef en fournissant une prestation de grande qualité vivement saluée par le public.

En soixante-dix ans la neuvième symphonie a été enregistrée plus de cent soixante fois…

Comme précisé ci-avant, la neuvième symphonie a été classée quatrième des « dix plus grandes symphonies de tous les temps » dans l'enquête réalisée en 2016 par le BBC Music Magazine auprès de chefs d'orchestre.

I.5.4. Quatrième période : été 1910 - 18 mai 1911 : dernier acte de sa vie tragique

L'infidélité d'Alma

La dixième symphonie inachevée

Création événementielle de la huitième symphonie

Dernier voyage à New York et décès à Vienne le 18 mai 1911

En 1910, Mahler consacre beaucoup de temps à la préparation de la création de sa huitième symphonie monumentale. Selon son habitude, le compositeur s'occupe de tout dans le détail. Cette fois son disciple, Bruno Walter, va lui apporter une aide en prenant en charge les huit solistes. Otto Klemperer va également se joindre à eux. Mahler, perfectionniste, apportera comme toujours des modifications de dernière heure…comme si ce travail gigantesque ne posait déjà pas suffisamment de problèmes.

I.5.4.1. L'infidélité d'Alma

Mais au début de la préparation de cette création exceptionnelle, une nouvelle fois tout se bouscule et un nouvel événement familial va à nouveau atteindre Gustav Mahler : durant l'été 1910, il apprend qu'Alma le trompe avec un jeune architecte allemand (Walter Gropius). Gustav craint alors de perdre Alma dont il sait ne pas pouvoir se passer. S'il a toujours été très attaché à son épouse, il réalise tout d'un coup qu'il n'a pas entouré Alma de l'affection qu'elle attendait et qu'il l'a sans doute délaissée pour se consacrer entièrement à sa musique. Il comprend que son comportement vis-à-vis d'Alma n'a pas traduit l'amour qu'il a toujours eu pour elle et, avec sa franchise habituelle, lui en fait l'aveu.

Très désemparé, il propose à Alma de rencontrer Sigmund Freud pour solliciter ses conseils. Ils sont d'accord. Encore faut-il obtenir un rendez-vous en commençant par repérer où se trouve le Maître de la psychanalyse. Selon son habitude, Mahler arrive à ses fins : Freud, en vacances qu'il ne souhaite pas interrompre, accepte, contrairement à son habitude, de le recevoir à Leyde en Hollande…

Mahler part aussitôt et parcourt un millier de kilomètres en train pour rencontrer Sigmund Freud environ quatre heures. Ils se promènent pour réaliser une thérapie improvisée. Mahler quitte Freud apaisé. A son retour il écrit dans le train un poème d'amour à Alma[135].

Quand il la revoit, il lui demande de décider de rester ou non avec lui et Alma, certainement consciente de l'attachement de son conjoint et de sa personnalité exceptionnelle, lui annonce qu'elle va poursuivre son existence avec lui.

Si Freud n'a pas relaté par écrit cette rencontre, par ailleurs jugée par lui trop brève, il l'a évoquée avec ses proches collaborateurs. C'est le cas, en 1925, avec sa disciple Marie Bonaparte (1882-1962), arrière petite-nièce de l'Empereur, pionnière de la psychanalyse française. Celle-ci écrira :

> « Dans le courant de la conversation, Mahler a subitement dit qu'il comprenait maintenant pourquoi sa musique n'avait jamais atteint les plus hauts sommets de l'art. Ceux inspirés par les émotions les plus profondes étaient gâtés par l'intrusion d' une mélodie banale. Son père, qui était apparemment un brutal, traitait très mal sa femme et, lorsque Mahler était enfant, il y a eu une scène particulièrement pénible entre eux. Elle est devenue insupportable pour le jeune garçon qui s'est sauvé de la maison. A ce moment-là, pourtant, un orgue de Barbarie jouait dans la rue une chanson populaire viennoise « O, du lieber Augustin !» (« oh, toi cher Augustin »), De l'avis de Mahler, l'assemblage, dans son œuvre, de noble tragédie et d'humour léger a été depuis lors inextricablement lié dans

[135] Gustav Mahler, par Henry-Louis de La Grange, Fayard, Tome III, Le Génie foudroyé, 1984, page 770. Ce message se termine par ces mots : « Je te l'envoie (le poème) par la poste, mon unique amour ! Ton Gustav ».

son esprit et l'une de ses humeurs amenait toujours l'autre »[136].

Ce n'est pas qu'une anecdote suscitant l'attention d'un psychanalyste. Ce pourrait être la prise de conscience par Mahler, peu de temps avant sa mort, de ce qui aurait manqué à sa musique. Le compositeur ne peut que se rappeler les critiques récurrentes formulées à l'encontre de sa musique, soulignant qu'à côté du sublime apparait le vulgaire, le banal.

Le journaliste chroniqueur français, Philippe Venturini, résume bien ce qui peut être perçu comme une juxtaposition étonnante de grandiose et de dérisoire, dans le journal Les Echos du 07/01/2011 :

> « Marqué par la mort dès son plus jeune âge,…impressionné par la violence conjugale de parents mal assortis, Mahler associe sans ménagement marches funèbres, danses paysannes, échos de brasserie et mélodies d'une indicible beauté, le grotesque et le sublime ».

Pour sa part, Henry-Louis de La Grange ne partage nullement ces avis, considérant que Mahler n'a jamais porté de critiques négatives sur son œuvre[137].

De toutes manières, ce traumatisme de jeunesse qui a marqué toute sa vie Mahler n'a rien enlevé à la qualité exceptionnelle de son œuvre. Ce mélange de tragique et de banal reste comme une sorte de « marque de fabrique » de cette musique d'une grandiose originalité.

Freud se confiera à un autre disciple, Theodor Reik (1888-1969), psychanalyste austro-américain :

---

[136] Gustav Mahler, par Henry-Louis de La Grange, Fayard, Tome III, Le Génie foudroyé, 1984, page 771.

[137] Gustav Mahler, par Henry-Louis de La Grange, Fayard Tome III, Le Génie foudroyé, 1984, pages 771-772.

« J'ai analysé Mahler au cours d'un après-midi, à Leyde. J'ai eu de nombreuses occasions d'admirer la capacité de compréhension psychologique de cet homme de génie »[138].

Doit-on en déduire que Freud était prêt à prendre Mahler comme assistant principal ? Plus sérieusement, on peut se demander pour quelle discipline le compositeur autrichien n'était pas doué.

Les recommandations de Freud ont bien été comprises par Gustav Mahler qui change complètement de comportement vis-à-vis d'Alma. Enfin il va agir en compagnon de vie attentionné. C'est sans doute au cours des derniers mois de l'existence du compositeur que le couple pourra vivre pleinement un amour réciproque, enfin marqué de la part de Gustav par de nombreuses attentions tendres pour son épouse.

Après cette grave crise du couple, de l'automne 1910 à son décès en mai 1911, Gustav aura le grand réconfort de poursuivre sa route avec Alma à ses côtés, jusqu'à son dernier souffle.

I.5.4.2 La dixième symphonie inachevée (1910 - création en 1924). Un nouvel et dernier adieu du Maître

Cette fois l'état de santé de Mahler est très délabré. Va-t-il encore pouvoir se sortir d'une situation quasi-désespérée ? En plein désarroi, Mahler trouve une fois de plus refuge dans l'écriture d'une nouvelle œuvre. Il va encore pouvoir faire face, grâce à son exceptionnelle capacité de réaction.

---

[138] Gustav Mahler, par Henry-Louis de La Grange, Fayard, Tome III, Le Génie foudroyé, 1984, page 772.

Ainsi démontre-t-il que sa force de caractère est décidément inébranlable et que sa foi en son génie de compositeur demeure intacte. Une forme de sérénité l'envahit dès qu'il se lance avec frénésie dans la conception d'une nouvelle composition. Mahler est un phénomène.

S'il va s'accrocher à l'écriture de sa dixième et dernière symphonie, celle-ci restera inachevée. Son épouse précisera que son mari était alors dans un véritable état de rage, voulant absolument terminer très rapidement sa composition. Ce ne sera pas le cas.

Comme il l'a fait pour la huitième symphonie, Mahler dédie la dixième à Alma, dans un nouveau geste d'amour.

Elle comporte un seul mouvement, l'adagio, dont l'orchestration a été entièrement finalisée par le compositeur. Si Mahler a, selon son habitude, manifesté sa volonté de faire disparaître toute composition non entièrement achevée, Alma n'a heureusement pas suivi cette consigne de son mari : elle a transmis un manuscrit à un éditeur viennois en 1924 et il est apparu que Mahler avait considérablement avancé l'écriture de l'ensemble de cette symphonie. Après avoir écrit l'adagio, et découvert ensuite l'infidélité d'Alma, Mahler arrivera de façon surprenante à pouvoir écrire complètement les trois mouvements suivants et, partiellement, le Finale, selon cet ordonnancement :

- Adagio
- Scherzo
- Purgatorio
- Scherzo
- Finale (écriture partielle).

Mais il est dans un état psychologique inquiétant, comme l'attestent ses annotations griffonnées à la main dans la partition :

- dans le troisième mouvement :

« Mort ! O Dieu ! O Dieu ! Pourquoi m'as-tu abandonné ? … « Que ta volonté soit faite »[139]

- sur la page de garde du quatrième mouvement :

« Le diable dance avec moi… Folie prends-moi, le maudit… Anéantis-moi, que j'oublie que j'existe ! Que je cesse d'être, que je » (l'annotation manuscrite s'arrête brutalement de la sorte)

- à la fin de la partition :

« Toi seule sait ce que cela signifie ! Ah ! Ah ! Ah ! Adieu ma lyre ! Adieu, Adieu, Adieu Ah ! Ah ! »[140]

- et ce dernier cri d'amour à Alma :

« Pour toi vivre ! Pour toi mourir, Almschi… » (c'est le surnom affectueux que Gustav a donné à son épouse)[141].

Ce Finale est sombre mais se termine néanmoins par une lueur d'espoir, et cette fois ce sera bien le dernier message musical de Gustav Mahler…

Au sujet de l'Adagio, Henry-Louis de La Grange fait ce commentaire :

« Mahler s'affranchit des contraintes les plus sévères que lui a léguées la tradition : l'obéissance à un plan préconçu, le sens de la direction et de la finalité, la résolution des tensions. En fait il réalise pleinement cet idéal du "roman musical" qui l'a hanté tout au long de sa carrière et plonge en même temps dans l'avenir »

---

[139] Gustav Mahler tel qu'en lui-même, par Philippe Chamouard, Editions Connaissances et Savoirs, 2006, pages 179-180.

[140] Gustav Mahler tel qu'en lui-même, par Philippe Chamouard, Editions Connaissances et Savoirs, 2006, pages 179-180.

[141] Gustav Mahler tel qu'en lui-même, par Philippe Chamouard, Editions Connaissances et Savoirs, 2006, pages 179-180.

« Une époque nouvelle s'ouvre réellement avec la Dixième et l'on se demande jusqu'où l'instinct prophétique de Mahler l'aurait conduit s'il avait survécu à la terrible crise psychologique dont elle est le reflet et à la maladie implacable qui allait l'emporter quelques mois plus tard. »

Du quatrième mouvement, Henry-Louis de La Grange précise :

« Le matériau thématique du deuxième Scherzo, de dimension épique, appartient à la veine la plus tragique et la plus désespérée de Mahler... Dans l'ensemble, ce mouvement est une des créations les plus frappantes de Mahler et il contient un grand nombre de passages que l'on ne voudrait jamais plus être privé d'entendre...»[142]

Et du Finale, il écrit :

« Il n'existe pas de témoignage plus éloquent de l'état de détresse morale que Mahler a connu au cours du mois d'août 1910 que l'introduction du Finale de la Dixième Symphonie. Aucune autre musique de sa plume ne possède un tel accent de tragédie et de désespoir absolu...»[143]

Cette dixième symphonie inachevée sera complétée, au niveau de l'orchestration notamment, par le mari d'Anna Mahler, le compositeur autrichien Ernst Krenek (1900-1991). Des créations partielles (mouvements 1 et 3) seront données en 1924 à Vienne, sous la direction de Franz Schalk. La symphonie sera à nouveau complétée, partiellement, par Deryck Cooke en 1960 (version I, incomplète pour les mouvements 2, 4, 5) et jouée la même année pour la première fois à Londres par Berthold Goldschmidt. Cooke écrira ensuite deux versions enrichies

---

[142] Mahler, par Henry-Louis de La Grange, Fayard, 2015, pages 465-466.

[143] Idem, page 466.

(II et III). D'autres à leur tour tenteront une réécriture avec plus ou moins de bonheur.

Pour sa part, le musicologue Theodor W. Adorno se montre très réservé sur les modifications et rajouts apportés à la partition de Mahler. Dans une postface de 1963 complétant son ouvrage[144], il est précisé que, tant que subsisteront de nombreuses incertitudes sur les intentions de Mahler, « aucune discussion sérieuse ne saurait avoir lieu sur le fond ».

Il pourrait donc rester des points d'interrogation.

Une discographie abondante de cette dixième symphonie sera gravée : plus de cent versions de 1952 à 2013 (dont soixante-dix pour l'adagio seul, trente-cinq à partir de l'une des versions complétées).

Leonard Bernstein se limitera à diriger l'Adagio, sans doute par stricte fidélité à l'écriture et orchestration du Maître.

I.5.4.3. Création événementielle de la huitième symphonie (12 septembre 1910)

Tout s'accélère pendant cette année 1910 : après sa rencontre avec Freud et son retour à Vienne, Gustav Mahler reprend aussitôt la préparation de la création de la huitième symphonie qu'il va diriger à Munich, le 12 septembre 2010.

En ce début du XXème siècle, il faut être Mahler pour oser se lancer dans un tel spectacle dont on imagine à peine les difficultés disproportionnées, musicales et techniques, alors qu'il n'a rencontré à chaque création

---

[144] Mahler, une physionomie musicale, par Theodor W. Adorno, Les Editions de Minuit, 1976, page 246 (postface à la seconde édition, octobre 1963).

précédente de ses symphonies qu'un succès pour le moins mitigé (à une exception près).

Alma se demande si Gustav, dans l'état de délabrement physique et psychique dans lequel il se trouve, va pouvoir diriger toutes les répétitions, épuisantes, et surtout le concert inaugural. Une nouvelle fois, il y arrivera et très brillamment.

Cette création va être un événement européen considérable, vécu dans une immense salle par une partie de l'élite intellectuelle de plusieurs pays européens, et perçu comme un triomphe des idées, celles de la célébration de l'amour et de l'élévation spirituelle. L'Europe donne alors l'impression d'avoir une pensée commune et une fraternité rassurante. Elle tenait son œuvre emblématique d'hymne à la joie. Mais cette belle unité affichée alors à l'échelle européenne allait, peu de temps après, voler tragiquement en éclat avec la première guerre mondiale et l'affrontement meurtrier des élites notamment allemande et française (certains de ses représentants assistaient sans doute au concert de septembre 1910…).

Ce sera la fin d'un monde d'illusion reposant sur le triomphe de l'amour universel.

Ces valeurs avaient fini par devenir ce que l'on pensait alors constituer une sorte de patrimoine commun à l'Europe et de nature à créer un barrage contre toutes les barbaries. Mais la suite fut cauchemardesque...

La huitième symphonie de Mahler est la plus belle exaltation de la croyance humaniste de ce début de XXème siècle. Elle a une portée cosmique et marque une sorte de triomphe de l'Humanité contre le mal et l'obscurantisme. Elle reprend la quête d'éternité et d'élévation contenue dans le texte de Goethe.

Pour la première fois dans la carrière de Mahler, l'une de ses œuvres reçoit un accueil triomphal : plus de vingt minutes d'applaudissements, au terme desquels les enfants du chœur viennent le couronner de lauriers. Pourtant, cette symphonie aurait pu, elle aussi, décontenancer le public, ses deux parties contrastant à bien des égards : par leurs proportions, leurs styles mais surtout par leurs textes qui proviennent de cultures, de langues (latin et allemand) et d'époques si différentes.

Voici un compte rendu vibrant d'un chroniqueur présent dans la salle, faisant revivre l'ambiance inouïe du moment :

> « 19 heures 30, Munich, le 12 septembre 1910. Tout en verre et en acier, l'immense et nouvelle salle de concert de l'Exposition Internationale est déjà pleine à craquer. Trois mille quatre cents auditeurs y sont entassés devant huit cent cinquante choristes habillés de noir et de blanc (cinq cents adultes et trois cent cinquante enfants), qui ont pris place sur l'immense estrade aménagée pour l'occasion, serrés autour de l'orchestre, l'un des plus vastes jamais réunis depuis la création du célèbre Requiem de Berlioz, en l'occurrence cent quarante-six musiciens, auxquels s'ajoutent les huit solistes vocaux, plus huit trompettes et trois trombones à l'autre bout de la salle[145],.. C'est la première impatiemment attendue de la Huitième Symphonie de Mahler. »

La Grange de son côté donne cette précision :

> « A 19 heures 45, Mahler entre en scène, mince et pâle, et traverse rapidement la foule des interprètes. »[146]

Un autre chroniqueur ajoute :

---

[145] Ce chroniqueur a relevé 1.015 musiciens. Le compte y est…

[146] Gustav Mahler, par Henry-Louis de La Grange, Fayard, 2015, page 437.

.« Dans la salle on reconnaît un grand nombre de visages célèbres. Outre la famille régnante de Bavière au grand complet, il y a aussi quelques princes de l'art contemporain, les compositeurs Richard Strauss, Max Reger, Camille Saint-Saëns, Alfredo Casella, les écrivains Gerhard Hauptmann, Stefan Zweig, Emil Ludwig, Hermann Bahr et Arthur Schnitzler, Thomas Mann, les chefs d'orchestre Bruno Walter, Oskar Fried et Franz Schalk, le metteur en scène le plus illustre du moment Max Reinhardt,... Tous les musiciens feuillettent déjà fiévreusement leurs partitions tandis que les autres ne sont là que pour assouvir leur curiosité... Mahler entre en scène, Toute l'assistance se leva dès que Mahler prit sa place sur le podium.... Et le profond silence qui suivit fut le plus impressionnant des hommages pouvant être rendus à un artiste. »

Le 12 septembre, Alma est également dans la salle ainsi que, pour compléter la liste qui vient d'être donnée par le chroniqueur, d'autres grands compositeurs (Anton Webern, Antonin Dvořák, Arnold Schönberg) et un représentant de la famille Clémenceau, proche du couple Mahler. Alma relate de manière identique l'ambiance indescriptible dans laquelle s'est déroulé le concert. Elle écrit notamment :

« Le public eut conscience d'une approche du destin et comprit soudain Gustav Mahler. Lorsqu'il parut, tout le monde se leva dans un silence absolu. C'était un hommage émouvant qu'il n'avait jamais encore reçu. J'étais dans ma loge, à demi évanouie d'émotion »[147].

Elle ajoute ce commentaire au sujet de l'après-concert qui s'est prolongé tard dans la nuit :

« La soirée fut merveilleuse, Mahler honoré et acclamé de toutes parts ».

---

147 Ma Vie, par Alma Mahler-Werfel, Julliard, 1961, page 49

L'écrivain allemand Emil Ludwig (1881-1948), également présent dans la salle ajoute cette précision :

> « Mahler était debout, devant nous, prêt au travail et n'a pas salué. Pendant deux secondes, on a vu briller l'éclair dans ses lunettes et on a aperçu une tête de mathématicien religieux. Aussitôt, l'obscurité. Pourtant, le chœur et l'orchestre continuait à briller dans la lumière vive. La symphonie a commencé »[148].

Un autre critique musical ajoute :

> « Ce jour-là, Mahler qui venait tout juste d'atteindre cinquante ans et dont la carrière de compositeur n'avait été qu'une suite presque ininterrompue d'échecs et de demi-succès, fut littéralement sidéré de voir la salle entière hurler, trépigner et applaudir avec transport dans un délire collectif de quelque vingt minutes »[149].

Bruno Walter relate également l'événement dans une interview qu'il a donnée à un journal quotidien autrichien :

> « Des centaines de petites mains blanches se sont tendues vers le grand artiste, qui les a serrées en marchant le long de la rangée. Et ces cris d'enthousiasme de centaines de petites voix ! Cette scène a ému aux larmes de milliers d'auditeurs »[150].

Bruno Walter étant d'un naturel réservé et sobre, on peut imaginer, sans risque d'exagération, que cette longue soirée du 12 septembre 1910 a été un événement indescriptible et historique.

---

[148] Gustav Mahler, par Henry-Louis de La Grange, Fayard, 2015, page 439.

[149] Gustav Mahler, par Henry-Louis de La Grange, Fayard, Tome III, Le Génie foudroyé, 1984, page 802.

[150] Interview de Bruno Walter donnée le 18 février 1912 au journal quotidien autrichien Fremden-Blatt, Aus der Theater-Welt.

Un autre chroniqueur livre ce beau témoignage proche de celui de Walter :

> « Les enfants du chœur, en particulier, à qui il n'avait cessé de prodiguer conseils et attentions pendant les répétitions, n'en finissaient plus d'applaudir, ni d'agiter leur mouchoir ou leur partition. Pour lui, ils représentaient cet avenir qu'il sentait bien lui échapper. À la fin du concert, lorsqu'ils se précipitèrent tous ensemble à l'avant de la galerie qui leur était réservée pour lui donner des fleurs et lui serrer la main, lorsqu'ils hurlèrent à tue-tête : "Vive Mahler ! Notre Mahler !", lorsque le compositeur eût reçu d'eux la seule couronne de lauriers, il ne put retenir ses larmes ».

La Grange essaie de recenser, avec la rigueur et la minutie qui le caractérisent, les très nombreuses réactions de la presse avec finalement ce commentaire : « Pour une fois, nous devrons passer ici beaucoup d'autres articles sous silence à cause de l'abondance stupéfiante des comptes-rendus »[151]. Même La Grange déclare forfait…

La création de la huitième symphonie, dirigée par le compositeur, fut donc une réussite totale et un événement à retentissement considérable qui restera dans l'Histoire de la musique. Arnold Schönberg qui n'a jamais été avare de piques à l'encontre de Mahler, ne peut cacher son admiration à la fin du concert. Il le qualifie alors de « Maître ».

Mais une ombre se profile qui assombrit ce moment idyllique, avec ce commentaire de Richard Specht qui a assisté à ce concert historique :

> "Cet homme mourra bientôt. Regardez ces yeux ! Ce n'est pas le regard d'un triomphateur de la vie, qui marche vers de

---

[151] Gustav Mahler, par Henry-Louis de La Grange, Fayard, Tome III, Le Génie foudroyé, 1984, page 823.

nouvelles victoires. C'est celui d'un homme sur l'épaule duquel la mort a déjà mis la main"[152].

Hélas, il avait vu juste : environ huit mois après cette apothéose, Mahler rendra son dernier souffle. Mais, malgré tous les drames vécus, il n'aura rien perdu de ses idéaux qu'il aura défendus avec une énergie farouche jusqu'à la fin de sa trop courte existence.

Les plus grands chefs d'orchestre vont s'attaquer, non sans appréhension, à ce sommet de la musique dont ils perçoivent les difficultés d'exécution. Dès 1912, Willem Mengelberg la dirige à Amsterdam. Trois concerts mémorables ont été donnés aux Etats-Unis, sous la baguette de Leopold Stokowski, restant très impressionné par ce qu'il a vécu dans la salle de Munich, le 12 septembre 1910. Henry Wood dirige cette huitième symphonie à Londres en 1930. Eugene Ormandy réalise l'enregistrement le plus ancien de ce monument musical en 1948. Par la suite, d'autres chefs parmi les plus renommés décideront de diriger cette huitième symphonie : Leonard Bernstein (1966 et 1975), Rafael Kubelik (1970), Bernard Haitink (1971), Georg Solti (1971), Seiji Ozawa (1980), Claudio Abbado (1994), Michael Gielen (2002). Ce dernier réussit une très belle interprétation avec la Südwestrundfunk (SWR), à Baden-Baden et Fribourg.

Un concert très remarqué de la huitième symphonie a été dirigé par Giuseppe Sinopoli en novembre 1990, à la tête du « Philarmonia Orchestra » de Londres, dont il a été chef principal de 1984 à 1994. Heureusement, une version a été enregistrée et gravée par Deutsche Grammophon en décembre de la même année. Ce grand chef, hélas disparu à cinquante-trois ans en dirigeant à Berlin un opéra de

[152] Gustav Mahler, par Henry-Louis de La Grange, Fayard, Tome III, Le Génie foudroyé, 1984, page 805.

Verdi (Aïda), a enregistré avec beaucoup de bonheur l'intégrale des symphonies de Mahler qu'il admirait. Cette interprétation de la huitième symphonie en 1990 est considérée comme l'une des meilleures.

Cette symphonie monumentale est surtout réservée pour des manifestations exceptionnelles, comme l'anniversaire de la cent cinquantième édition des Chorégies d'Orange en juillet 2019 : un concert marquant a été donné dans le merveilleux Théâtre Antique d'Orange, avec les quatre formations musicales de Radio France : l'Orchestre national de France, l'Orchestre philharmonique de Radio France, le Chœur et la maîtrise de Radio France. Le Chœur philharmonique de Munich a renforcé les chœurs français. Il y avait plus de neuf mille spectateurs.

Dans l'assistance, Marina Mahler, petite fille du compositeur, était l'invitée d'honneur.

Parmi les choristes de ce concert d'Orange, la soprano Laurence Margely, qui fait partie du Chœur de Radio France depuis vingt-trois ans, confie que le 29 juillet dernier, ce fut seulement la troisième fois qu'elle a chanté la huitième symphonie et elle livre ce témoignage :

> « C'est à chaque fois un moment extraordinaire. Le plaisir vocal est immense car Mahler fait appel à toute l'étendue de la voix. On passe d'un extrême à l'autre, du plus petit pianissimo à un triple forte ».

De son côté, la Philharmonie de Paris se devait d'organiser une grande manifestation en hommage à Mahler, centrée sur cette œuvre magistrale, la huitième symphonie. Ce fut le cas en février 2019 avec, en première soirée inaugurale, deux autres œuvres du compositeur autrichien, la quatrième symphonie et le « Chant de la Terre », dirigées par Valery Gergiev à la tête des Münchner Philharmoniker.

Avec sa belle architecture futuriste, la grande salle « Pierre Boulez », inaugurée en 2015, se prête bien à la mise en valeur des symphonies de Mahler.

Gergiev avait déjà dirigé la huitième symphonie à Paris, en octobre 2010, salle Pleyel, à l'occasion d'un programme extraordinaire : l'intégrale des dix symphonies de Mahler dans le cadre de la saison 2010-2011.

Toujours à Paris, la huitième symphonie a été donnée en mars 2008 au Palais omnisports de Bercy, lieu inattendu, mais le chef Christoph Eschenbach a réussi une brillante performance qu'il destinait à un très large public. Ce connaisseur et admirateur de Mahler a dirigé l'Orchestre de Paris de 2000 à 2010.

I.5.4.4. Dernier voyage à New York et décès à Vienne le 18 mai 1911

En novembre 1910, le couple Mahler accompagné d'Anna repart pour une quatrième saison musicale américaine. Le chef d'orchestre Gustav Mahler doit cette fois honorer un contrat de plus de soixante concerts, toujours avec l'Orchestre Philarmonique de New York.

Le nombre impressionnant de concerts prévus laisse entendre que le compositeur sent alors ses forces revenir. De fait, ce nouveau séjour américain débute par des moments heureux. Ainsi Alma relate dans son journal la bataille de boules de neige entre Gustav et Anna, dans Central Park.

Pour Noël 1910 qui sera le dernier pour le couple, Gustav en grande forme est allé acheter de nombreux cadeaux pour Alma et Anna (« Gucki »). Ils passeront la soirée en famille. Alma et « Gucki » vous découvrir « un édifice de cadeaux » et « les roses nombreuses qui emplissaient toute la chambre » d'Alma[153]. Pour fêter le nouvel an, ils n'ont invité qu'un très bon ami. Peu avant minuit, ils ont regardé, de la fenêtre du neuvième étage de leur Hôtel « Savoy », New York sous leurs yeux et les trois amis se sont donné la main en silence et ont pleuré. « Aucun de nous ne savait pourquoi » précisera Alma. Ces dernières fêtes se sont passées dans une grande tendresse pour le couple, les plus heureuses depuis celles de fin 1906. Alma écrira également

> « A cette époque, nous nous sommes beaucoup promenés bras dessus-bras dessous… et Gustav s'attachait de plus en plus à Anna »[154].

Mais, après ces moments de bonheur, très vite Gustav Mahler est gravement marqué par la fatigue. Il ressent des douleurs particulièrement inquiétantes.

A ce moment, son médecin diagnostique une maladie de cœur très grave. Elle est incurable à l'époque.

Le 21 février 1911, épuisé et « grelotant de fièvre », Gustav Mahler décide quand même de diriger le concert programmé ce jour. Ce sera le dernier. Après sa prestation, se sentant au plus mal il décide de rentrer immédiatement à Vienne. La traversée en bateau et ensuite le trajet en train jusqu'à Vienne sont un véritable calvaire. Alma ne sait pas s'il arrivera vivant en Autriche. Elle ne le quitte plus.

---

[153] Gustav Mahler, par Henry-Louis de La Grange, Fayard, Chronique d'une vie, Tome III, Le Génie foudroyé,1984, page 888.

[154] Gustav Mahler, par Henry-Louis de La Grange, Fayard, Chronique d'une vie, Tome III, Le Génie foudroyé,1984, page 888.

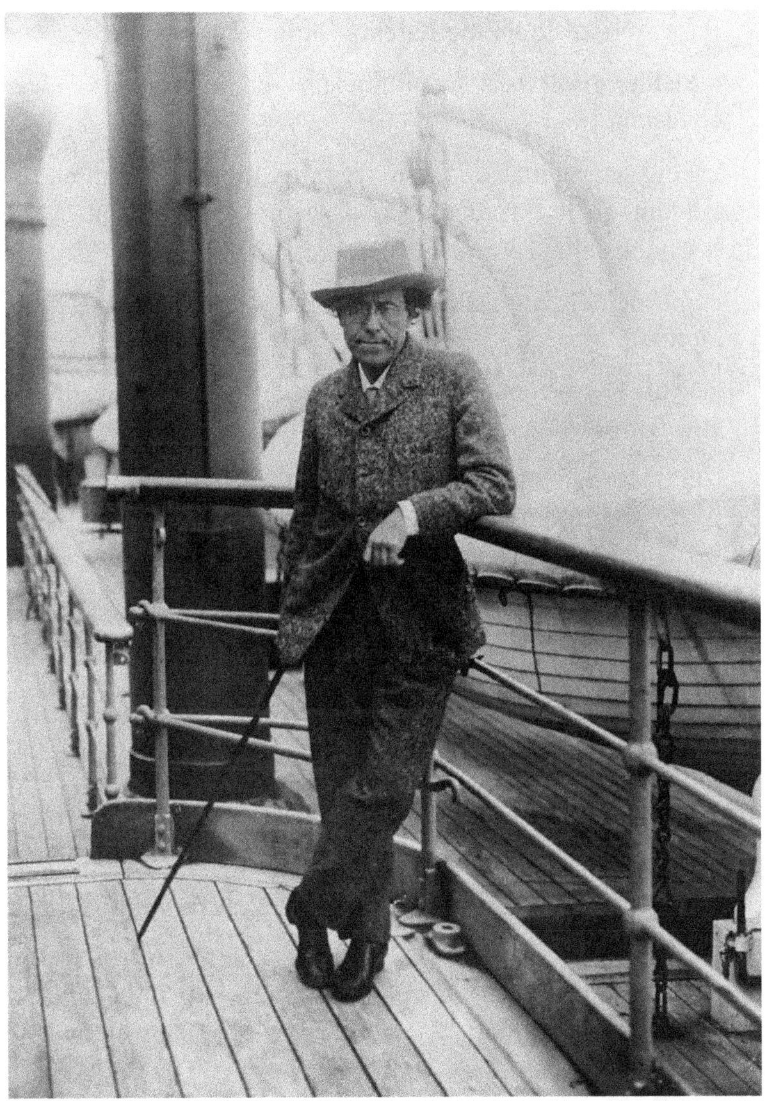

RETOUR DE NEW YORK, avril 1911. Cette photo montre Gustav Mahler ne se laissant pas abattre par la maladie qui va bientôt lui être fatale

Passager sur le même bateau, Stefan Zweig écrira :

« Mahler gisait dans les profondeurs, consumé par la fièvre, condamné »[155].

Zweig scrutant de son regard Gustav Mahler et constatant qu'il est au plus mal se rappelle ce beau texte du « Chant de la Terre » qu'il considère comme

« une mélodie quasi divine, empreinte de la béatitude de la mort » :

« Je n'irai plus jamais errer au loin...Mon cœur est calme et attend son heure »[156].

Cette dernière phrase du « Chant de la Terre » traduit bien le sentiment qu'affiche Gustav Mahler sur cette photo.

Cinq jours après son retour précipité de New York, Gustav Mahler est hospitalisé tout d'abord dans une clinique à côté de Paris pour une dernière tentative médicale, infructueuse, et ensuite dans un sanatorium proche de Vienne.

A chaque gare où s'arrête le train, une foule de journalistes se presse pour avoir des nouvelles de son état de santé. Il faut protéger le compositeur de ces assauts.

Alma qui apporte alors une assistance exemplaire à son mari, écrira :

« La grandeur de son visage ne cessait d'embellir à l'approche de la mort... Sa lutte pour les valeurs éternelles,

---

[155] Le retour de Gustav Mahler, par Stefan Zweig, Actes Sud, 2015, page 17.
[156] Idem, page 49.

son authenticité jusque dans la mort resteront toujours présentes pour moi comme un exemple de sainteté »[157].

Gustav Mahler meurt le 18 mai 1911, peu avant minuit.

Au moment de son décès, un violent orage éclate sur la capitale autrichienne. Peut-être est-ce une forme d'adieu que la nature adresse à ce compositeur qui l'a tellement aimée. Un ultime chant de la Terre...

Alma témoigne du dernier mot prononcé par son mari : « MOZART », un de ses doigts semblant diriger un orchestre...[158]. C'est un ultime hommage à ce compositeur que Gustav Mahler a toujours admiré et dont il a dirigé magistralement les grands opéras à de nombreuses reprises.

Pour ses funérailles, Gustav Mahler ne voudra ni musique ni discours.

L'infatigable compositeur a trouvé son repos sur terre aux côtés de sa fille Maria qu'il a décidé de rejoindre dans sa dernière demeure. Moins de quatre ans après le décès de la petite « Putzi » tant aimée.

Formons le vœu que celui qu'Arnold Schönberg appelait « le saint » ait trouvé dans un « autre monde » l'idéal qui l'a habité toute sa vie.

---

[157] Mahler, par Henry-Louis de La Grange, Fayard, 2015, pages 388-389.

[158] Mahler Mémoires et correspondance, par Alma Mahler, JC Lattès, 1980, préface de Henry-Louis de La Grange, page 176. Alma précise que son mari dira deux fois « Mozart ».

I.6. Les principales sources littéraires des textes chantés

Avant d'expliciter les deux principales sources d'inspiration des textes choisis par Gustav Mahler pour les mettre en musique, il faut mentionner brièvement sa première composition (1879-1980) et évoquer ses quatre premiers Lieder (1884-1885).

Première composition

C'est l'œuvre qui a été refusée au concours « Prix Beethoven » de Vienne en 1881. Mahler l'a appelée « Das Klagend Lied » (« La Complainte »). Il s'agit d'une cantate profane inspirée de deux contes allemands, l'un de Ludvig Bechstein (1801-1860) et l'autre des frères Grimm (1785-1863, 1786-1859), dont Mahler adaptera le texte. Après sa grande déception due à cet échec, il décidera, comme précisé, de démarrer une carrière de chef d'orchestre mais n'abandonnera pas cette première composition qu'il revoit en 1883 et 1898. Il en assurera la création en 1901. Si elle n'eut guère de succès alors, elle suscita chez Alban Berg un vif intérêt. Mahler la dirigera à nouveau en 1909 à Amsterdam, à la tête du Concertgebow.

A ce moment, Mahler porte une grande barbe romantique, réduite rapidement à une moustache qui perdra de son volume pour disparaître…

Depuis, cette œuvre n'est pas tombée dans l'oubli : elle a été dirigée par de grands chefs comme Simon Rattle, en 1984, avec le City of Bermingham Symphonie Orchestra, la soprano Helena Böse, la mezzo-soprano Alfreda Hodgson, le ténor Robert Tear, le baryton Sean Rae. Pierre Boulez en assurera la direction au concert d'ouverture du

Festival de Salzburg, en 1992, avec le Wiener Philarmoniker, la soprano Anna Prohaska, la soprano Dorothea Röschmann, la contralto Anna Larsson, le ténor Johan Batha (un disque a été gravé en 2011). Elle sera interprétée par d'autres solistes de renom, comme la mezzo-soprano Anna Reynolds.

Premiers Lieder (1884-1885)

Comme mentionné avant, Mahler met en musique ses quatre premiers Lieder qu'il appelle « Chants d'un compagnon errant » (« Lieder eines Fahrenden Gesellen »). Le compositeur s'inspire de poèmes anonymes, mais en écrit très vraisemblablement trois des quatre. Il veut que les textes qu'il met en musique traduisent très précisément le contenu de sa pensée.

C'est à la soprano Johanna Richter que le compositeur dédie avec amertume ses quatre Lieder, suite à une déception sentimentale.

Nous en rappelons les titres :

1. « Quand viendront les noces de ma bien aimée » (composition en 1884 -1885)
2. « Ce matin, j'ai marché à travers champs » (1884 -1885)
3. « J'ai un couteau à la lame brûlante » (1884 -1885)
4. « Les yeux bleus de ma bien-aimée » (1884 -1885).

I.6.1. Première source principale (1888 - début 1901) : le recueil « Des Knaben Wunderhorn » (« Le Cor enchanté de l'enfant »)

Durant cette période, Mahler qui a une culture littéraire très étendue se limite à choisir essentiellement des poèmes d'un recueil **« Le Cor enchanté de l'enfant »**

(« Des Knaben Wunderhorn ») qu'il aurait découvert en 1887 chez ses amis musiciens von Weber. Il comporte un millier de poésies et chansons populaires germaniques de la fin du moyen-âge au début du XIXème siècle, remises en forme en 1808 par deux poètes allemands, Achim von Arnim (1781-1831) et Clemens Brentano (1778-1842). Les thèmes sont variés : la nature au fil des saisons, les sentiments de l'amour, les chants patriotiques, les soldats en difficulté, l'appel de l'aventure, les cauchemars…

Ils ont bercé l'enfance des petits allemands et autrichiens.

Johann Wolfgang von Goethe avait recommandé ce recueil et conseillé à chaque foyer d'avoir au moins deux livres : la Bible et une édition des « Knaben Wunderhorn ».

On peut s'étonner que Gustav Mahler, à l'affut de tout, n'ait découvert qu'en 1887 ce recueil, mais cette remarque n'a guère d'importance.

Mahler choisit dans cet ouvrage vingt-quatre poèmes, les « Wunderhorn Lieder » (« Lieder du Cor enchanté ») et dans un premier temps en mettra douze en musique pour voix et piano ou voix et orchestre. Il les publie en 1899 sous le titre amusant de « Humoresken » (« Humoresques ») selon cette liste :

1. « Chant nocturne de la sentinelle » (composition en 1892) (« Der Schildwache Nachtlied »)
2. « Peine perdue » (1892) (« Verlorne Müh »)
3. « Qui a imaginé cette chansonnette ? » (1892) (« Wer hat dies Lied erdacht? »)
4. « Consolation dans le malheur » (1892) (« Trost im Unglück »)
5. « La vie terrestre » (1892) (« Das irdische Leben »)
6. « Lumière originelle » (1893) (« Urlicht »)

7. « Le prêche de Saint Antoine de Padoue aux poissons » (1893) (« Des Antonius von Padua Fischpredigt »)

8. « Petite légende du Rhin » (1893) (« Rheinlegendchen »)

9. « Trois anges chantaient une chanson douce » (1895) (« Es sungen drei Engel einen süssen Gesang »)

10. « Éloge de la raison » (1896) (« Lob des hohen Verstandes »)

11. « Chant des persécutés dans la tour » (1898) (« Lied des Verfolgten im Turm »)

12. « Où sonnent les belles trompettes » (1898) (« Wo die schönen Trompeten blasen »).

Ce titre « Humoresques » qu'il donne à ces Lieder, Mahler en explique la raison à sa sœur « Justi » avec une pointe d'amertume et beaucoup de lucidité sur l'accueil de ses œuvres :

> « Ils sont tout humour au sens le plus élevé du terme, et seuls quelques hommes exceptionnels sont nés pour les comprendre, de sorte que je devrai probablement les ranger comme les autres. C'est réellement une perspective exaltante que d'écrire toute une bibliothèque destinée uniquement à son tiroir ! »[159]

Cette première source d'inspiration est fidèle aux souvenirs d'enfance du petit Gustav.

A ces douze poèmes qu'il met en musique, il en ajoutera un, « la Vie céleste » (« Das himmlische Leben ») qu'il a tout particulièrement apprécié :

[159] Gustav Mahler, par Henry-Louis de La Grange, Fayard, 2007, page 83.

« Ce petit Lied d'allure modeste s'est révélé ensuite plein de richesse »... « et il a donné naissance à cinq mouvements des troisième et quatrième symphonies »[160].

Ce sera le très beau chant final de la quatrième symphonie.

La mélodie composée par Mahler pour d'autres de ces Lieder sera également reprise par lui dans ses symphonies : le poème N° 6, dans la deuxième symphonie, le poème N° 9, dans la troisième.

Une version orchestrale, sans voix, du poème N° 7 constitue la base du scherzo de la deuxième symphonie.

Un autre poème (« Ablösung im Sommer ») (« Relève en été ») tiré également de l'ouvrage « Des Knaben Wunderhorn » est repris dans la troisième symphonie.

Voici comment Mahler conçoit son métier de compositeur, comme il le confie à son amie Natalie Bauer-Lechner :

> « J'imagine la composition comme un jeu de construction où, avec les mêmes pierres, on édifie toujours de nouvelles constructions. Mais les pierres sont déjà toutes là, connues et prêtes depuis l'enfance, qui est la seule époque valable pour une telle élaboration et une telle récolte »[161].

C'est l'un des traits d'originalité du compositeur Mahler.

Il apparaît que « Le Cor enchanté de l'enfant » sera jusqu'en début 1901 une source majeure d'inspiration de poèmes que Mahler aimait intégrer dans un ensemble orchestral ou bien sûr dans ses Lieder.

---

[160] Gustav Mahler, par Henry-Louis de La Grange, Fayard, Chronique d'une vie, Tome I, 1984, page 897.

[161] Gustav Mahler tel qu'en lui-même, par Philippe Chamouard, Editions Connaissances et Savoirs, 2006, page 81.

Le titre « Humoresques » du recueil publié par Mahler qui peut surprendre est en fait très bien adapté au contenu de certains de ces douze poèmes, comme les N° 7 et N° 10 :

- Le poème N° 7 est « Le Prêche de Saint Antoine de Padoue aux poissons ».

Natalie Bauer-Lechner relate ce que lui explique son ami Mahler à ce sujet :

> « Lorsqu'il y travaille, il imagine les anguilles, les carpes et les brochets aux nez pointus sortant la tête de l'eau, immobiles, le visage impassible, pour écouter les paroles du saint, puis se dispersant sans avoir compris un traître mot de son sermon. Il voit là une satire délicieuse de la sottise humaine et il lui arrive d'éclater de rire en imaginant la scène »[162].

Mahler va nous fait rire également :

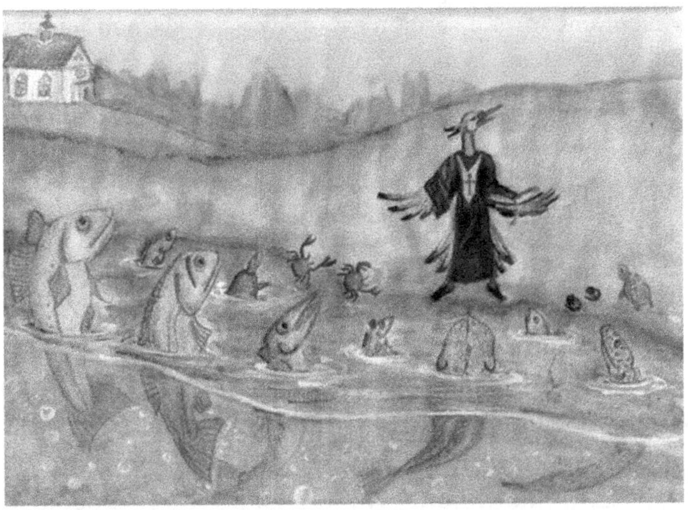

Saint Antoine de Padoue prêchant aux poissons (auteur anonyme, DR)

---

[162] Gustav Mahler, par Henry-Louis de La Grange, Fayard, Chronique d'une vie, Tome I, 1984, page 421.

Voici le début du texte de ce sermon qui amusait tellement le compositeur :

> « Saint Antoine de Padoue arrive pour son sermon et trouve l'église vide. Il va aux rivières prêcher aux poissons. Ils secouent leurs queues qui scintillent au soleil. Les carpes avec leurs œufs sont toutes venues ici, leur bouche grande ouverte, écoutant attentivement. ...Les brochets à la bouche pointue qui se battent toujours sont venus ici nageant à la hâte entendre ce pieux....Bonnes anguilles et esturgeons, dont les nobles se régalent, ont pris la peine d'entendre le sermon....
>
> Gros poissons, petits poissons..., tous lèvent la tête comme des êtres pensants. A la demande de Dieu ils écoutent le prêche....
>
> Le sermon fini, chacun s'en retourne ; les brochets restent des voleurs, les anguilles, grands amants.... les carpes se gavent encore, Le sermon est oublié ! Le sermon leur a plu, mais ils restent les mêmes qu'avant.

Le poème évoque donc l'épisode populaire de Saint Antoine de Padoue prêchant dans une église mais ne suscitant que l'indifférence de ses auditeurs. Aussi il décide d'aller sermonner les poissons d'un lac voisin... Ceux-ci écoutent avec attention mais à peine le sermon terminé, il n'en reste aucune trace, tout continue à se passer comme avant. C'est une allégorie, sur un ton comique, de la banalité de la vie quotidienne, la routine insipide, le monde de l'hypocrisie dans lequel nous vivons. Dans la musique qu'il compose, Mahler introduit une sensation de fluidité. Il a dû éclater de rire pendant la création...

- Passons à la seconde illustration, le poème N° 10 : Mahler ouvre une nouvelle parenthèse humoristique en mettant en musique « L'Eloge de la Raison ».

Le compositeur s'amuse à se venger avec humour de la méchanceté quasi unanime et persistante des critiques musicaux à son égard, en mettant en musique un Lied racontant un concours de chant entre un rossignol et un vieux coucou.

Mahler écrit à la soprano autrichienne Anna von Mildenburg (1872-1947), réputée pour ses interprétations wagnériennes :

> « C'est un Lied très amusant... il s'agit d'un pari entre un rossignol et un vieux coucou qui prennent pour arbitre un âne. Celui-ci se donne naturellement des airs importants pour attribuer le prix au coucou. Tu riras quand tu l'entendras »[163].

De fait, le rossignol a chanté de façon sublime mais a, par son superbe chant, ébranlé l'âne qui avoue ne pas pouvoir mettre cette mélodie dans sa tête. Et, plein d'emphase, il annonce que c'est le coucou qui a gagné…

Cette soprano Anna von Mildenburg sera formée, à son arrivée à l'Opéra d'Hambourg en 1895, par Mahler qui apprécie son talent. Ils nouent une amitié qui deviendra ensuite une relation amoureuse, mais par moment orageuse. En particulier, Anna est jalouse de l'amitié de Gustav pour Natalie Bauer-Lechner. La rupture devient rapidement inévitable.

En 1898, elle sera nommée à l'Opéra de Vienne où elle fera une carrière remarquée. Elle aurait joué un rôle dans la conversion au catholicisme de Mahler, à Hambourg début 1897.

Retenons donc le prêche aux poissons ainsi que le concours du rossignol et du coucou qui montrent le sens

---

[163] Gustav Mahler, par Henry-Louis de La Grange, Fayard, Chronique d'une vie, Tome I, 1984, page 559.

de l'humour de Gustav Mahler qui peut se détendre à l'occasion. Désormais, en écoutant à la radio un Lied chanté en allemand, si l'on entend le public rire dans la salle, on pourra en déduire que c'est un des deux poèmes « Humoresques » de Mahler (il y a peu de Lieder qui soient comiques…).

Mahler dirigera en 1893 un concert à Hambourg avec, en première partie la création de six des « Wunderhorn Lieder » et en seconde partie, sa première symphonie. Ses Lieder recevront un très bel accueil du public mais dans son ensemble la presse, une nouvelle fois, émet des critiques négatives. Ainsi la presse berlinoise :

« Une steppe déserte, rien que des phrases recherchées et insignifiantes »[164].

C'est à partir de ce moment que Mahler abandonnera la dénomination « Humoresque ».

I.6.2. Seconde source principale (1901-1910) : les poèmes de Rückert

1901, marquée par une grave maladie de Gustav Mahler, est une année de grand changement dans l'inspiration musicale du compositeur. Désormais il est séduit par les écrits du poète allemand Friedrich Rückert (1788-1866), dont les thèmes principaux sont la souffrance, la mort, le sens de l'aventure humaine…

Rückert est l'auteur d'une production littéraire considérable et très variée (pas moins de vingt-cinq mille poèmes) qui vont inspirer de très nombreux compositeurs

[164] Gustav Mahler, par Henry-Louis de La Grange, Fayard, 2015, page 87.

comme Franz Schubert, Robert Schumann et son épouse Clara, Johannes Brahms, Richard Strauss, …

Mahler va puiser dans cette immense production poétique de Rückert pour retenir dix poèmes qu'il va mettre en musique : tout d'abord cinq poèmes lyriques, les « Rückert Lieder » et ensuite cinq chants « Kindertotenlieder » (« Chants pour enfants morts »). Ces derniers seront composés à partir de l'été 1901, comme signalé plus haut.

Voici les titres de ces cinq poèmes lyriques :

1. « De ton regard ne sonde mes chants ». (*« Blicke mir nicht in die Lieder »)*

2. « Je respirais un doux parfum » *(« Ich atmet 'einen linden Duft »)*

3. « Je suis coupé du monde » (« Ich bin der Welt abhanden gekommen »)

4. « A minuit » (« Um Mitternacht »)

5. « Si vous aimez la beauté » (« *Liebst du um Schönheit »).*

Le premier Lied est une évocation d'un compositeur de musique qui cache sa création à la personne à laquelle il dédie son poème mais qu'elle sera la première à découvrir, une fois l'œuvre achevée :

…

« Ne regarde pas mes chants. Mes yeux, je les baisse, comme si j'avais commis une mauvaise action. »

…

« Ta curiosité est une trahison »… « Les abeilles, quand elles construisent leurs alvéoles, ne laissent personne les regarder,

Elles-mêmes ne les regardent pas. Quand elles auront porté les riches rayons de miel à la lumière du jour, alors tu en goûteras avant tous ! »

Le deuxième Lied commence par cette évocation tendre du parfum de l'amour :

« *Je respirais un doux parfum.*

Il y avait dans la chambre une branche de tilleul.

Le cadeau d'une main chère.

Comme était doux le parfum du tilleul... »

Le troisième Lied est imprégné d'une douce mélancolie que Mahler traduit dans une mélodie touchante. Il évoque un compositeur de musique qui se retire du monde :

« *Je suis coupé du monde.*

Dans lequel je n'ai que trop perdu mon temps.

Depuis longtemps, il n'a plus rien entendu de moi.

Il peut bien penser que je suis mort !... »

Et il se termine de la sorte :

« *Je suis mort au tumulte du monde et repose dans mon tranquille domaine. Je vis seul dans mon ciel, dans mon amour, dans mon chant* ».

De ce texte, Mahler dira :

« C'est moi-même »[165].

La Grange fera ce commentaire : ce Lied est « comme un miroir où se reflète le ciel »[166].

---

[165] Gustav Mahler, par Henry-Louis de La Grange, Fayard, 2015, page 423.

[166] Idem, page 423.

Ce lied, comme déjà signalé, est repris avec bonheur dans le film de Gérard Corbiau « Le Maître de Musique ».

On croit entendre ce professeur de chant en lisant ce poème dont les paroles ont été mises en musique par Mahler : elles accompagnent la scène finale du film où un convoi funéraire transporte sa dépouille vers sa dernière demeure, glissant sur une pièce d'eau de son parc... scène impressionniste d'une beauté tragique et d'une intensité émouvante. Ce beau Lied est naturellement chanté dans ce film par le baryton José Van Dam qui tient le rôle-titre. Cet admirateur de Mahler a rejoint en 1975 Leonard Bernstein à Vienne pour s'associer à la représentation de la huitième symphonie de Mahler, comme baryton basse, aux côtés de sept autres solistes.

Le quatrième Lied évoque une ambiance mélancolique durant la nuit :

« A minuit.

Je me suis réveillé.

Et j'ai regardé le ciel.

Parmi les millions d'étoiles,

Aucune ne m'a souri.

....

J'ai pris part à tes souffrances, ô humanité

...

A minuit. »

Le cinquième Lied, « Si vous aimez la beauté », est la très belle histoire d'amour entre Gustav et Alma que nous avons relatée.

Tous ces Lieder, de la première ou seconde période, figurent au répertoire des grands chefs d'orchestre et de solistes réputés, ainsi que signalé.

En plus de ces deux sources principales, Mahler s'inspirera également, comme nous l'avons vu, du chant « *Ressusciter* », de Friedrich Gottlieb Klopstock pour le Finale de sa deuxième symphonie, d'un poème de Friedrich Nietzsche, extrait de son œuvre « Ainsi parlait Zarathoustra » qu'il reprend dans sa troisième symphonie. Il retiendra le « Veni Creator Spiritus », hymne du bénédictin Raban Maur, pour la première partie de la huitième symphonie, ainsi que « La Scène Finale du Faust II » de Goethe pour la seconde partie de la symphonie dite « des mille ». Et pour « Le Chant de la Terre », il choisira des poèmes chinois du VIIIème siècle.

I.7. « MON HEURE VIENDRA »

Eclipse passagère de sa musique

Mahler savait que sa musique, trop en avance sur son temps, continuerait, un long moment, à être incomprise et rejetée par le public ainsi que par les critiques musicaux.

Il vivait de certitudes qui se vérifiaient : d'abord il était convaincu que sa seule vocation était de composer de la musique, au service de l'Humanité. S'il n'a pas été reçu à un concours de composition Beethoven, il se remet à croire rapidement en cette vocation et commence à écrire sa première symphonie à vingt-cinq ans. Mahler est alors le seul à penser qu'il peut composer de la musique. Tout le monde aujourd'hui reconnait ses grandes qualités de compositeur.

Ensuite, il était persuadé que sa musique, mal acceptée de son vivant, finirait par s'imposer et affirmait « Mon heure viendra ».

Une fois encore, c'est lui qui avait raison comme nous allons le voir dans la seconde partie.

SECONDE PARTIE

Retour à la lumière de la musique de Gustav Mahler

Après le décès de Mahler, sa musique va de fait tomber dans une sorte de long purgatoire pour plusieurs raisons : le compositeur n'est plus là pour présenter ses nouvelles œuvres, la première guerre mondiale, dévastatrice, obscurcit tout, une période d'antisémitisme s'amplifie et la musique de Mahler est honnie par le troisième Reich, la seconde guerre mondiale crée une nouvelle secousse terrifiante, enfin, après celle-ci, se développe un courant antigermanique.

Dans ce contexte de grandes perturbations, l'origine juive et l'expression allemande du compositeur vont nuire à son œuvre, de son vivant et après son décès. Mahler a constaté combien le fait d'être juif était pénalisant. Toujours très réaliste, il exprimera :

> « le sentiment douloureux d'être trois fois sans patrie : Bohémien parmi les Autrichiens, Autrichien parmi les Allemands, et Juif parmi tous les peuples du monde... »[167]

[167] Gustav Mahler, par Stéphane Friédérich, Actes Sud - Classica, 2004, page 13.

Peut-être Gustav Mahler a-t-il eu toute son existence l'impression d'être un « juif errant » ?

De plus, une étiquette de « musique dégénérée » continuera de coller à l'œuvre de Mahler. Cette sorte de parenthèse injustifiée ne commencera à se fermer qu'à partir des années soixante. Elle aura duré près de cinquante ans. Mais, après cette éclipse, c'est une musique intacte qui progressivement va s'imposer. Pas à pas, Mahler sera désormais reconnu comme un compositeur parmi les plus grands.

Si pour la première partie, la découverte de Mahler et de sa musique, le fil chronologique de son existence m'est apparu essentiel, il n'en est pas de même pour la seconde partie. Il m'a semblé que la manière la plus parlante d'évoquer le retour à la lumière de la musique de Mahler est de chercher à comprendre ce qui s'est passé dans les années 1960/1970, période clé du début du retour en grâce de la musique mahlérienne. Trois personnes me paraissent avoir joué alors un rôle déterminant. Je les qualifie d' « ambassadeurs de la musique de Mahler » : ce sont Henry-Louis de La Grange, Leonard Bernstein et Luchino Visconti. Nous commencerons donc par mettre en évidence le travail étonnant réalisé par chacun d'eux en faveur de l'œuvre mahlérienne.

Ensuite, nous ferons un retour en arrière dans le temps pour évoquer le rôle de « pionniers » qui ont également défendu l'œuvre de Mahler de manière essentielle, même si leurs initiatives ont été moins spectaculaires que celles des trois « ambassadeurs ». Il faut souligner aussitôt les nombreuses initiatives prises par Bruno Walter, de 1894 date de sa rencontre avec Mahler, à celle de son décès en 1962. S'il est de nature réservée, ce musicien très efficace défendra remarquablement la musique de Mahler tant en

Autriche et en Allemagne qu'aux Etats-Unis où il doit s'exiler en 1938, et dans les grandes capitales où il dirigera inlassablement les œuvres de celui qui fut son Maître et son ami.

En troisième lieu, l'évocation de grands chefs d'orchestre mahlériens contemporains s'impose d'elle-même comme dernière illustration du retour à la lumière de la musique de Mahler, de nos jours.

Nous commençons donc par évoquer les actions menées par de La Grange, Bernstein et Visconti.

II.1. Rôle déterminant de trois « ambassadeurs » d'exception

Henry-Louis de La Grange va se passionner pour la musique de Mahler de 1945 à 2017, Leonard Bernstein de 1943 à 1990 et Luchino Visconti, de manière ponctuelle, en 1971 avec la sortie de son film.

C'est de fait dans les années 1960/1970 que leurs initiatives, appuyées par celles des « pionniers » et de jeunes chefs d'orchestre qui découvrent et se passionnent pour Mahler vont, de façon conjuguée, porter leur fruit et que se réalise la sortie du purgatoire, très progressive, de la musique mahlérienne.

II.1.1. Henry-Louis de La Grange (1924-2017) : le travail monumental du musicologue biographe de Mahler

Il a merveilleusement compris tant le génie musical que l'humanisme de Mahler qui va transformer sa vie dans des circonstances assez étonnantes.

Formé à la musique aux Etats-Unis et en France, notamment par Yvonne Lefébure et Nadia Boulanger, ce musicologue franco-américain découvre à vingt et un ans la musique de Mahler : la neuvième symphonie dirigée par Bruno Walter à Carnegie Hall (New York). Instantanément, il comprend qu'il va consacrer toute sa vie à ce compositeur qu'il ne connait quasiment pas. Au moment de ce véritable « coup de foudre », il ne perçoit pas clairement les raisons de cette subite attirance qui va profondément marquer le reste de son existence. Ce musicologue va consacrer à partir de fin 1945 quasiment toute sa longue vie à Mahler.

Je reprends le témoignage d'Henry-Louis de La Grange qui figure en début de ce livre :

> « J'ai cru en Mahler dès l'instant où j'ai entendu sa musique. Quelque chose en moi s'est passé et cela a rendu évident le fait que je travaille pour lui. Je ne serais pas moi si je n'avais pas découvert Mahler. Je me suis tout de suite passionné pour ses combats, pour le moindre petit détail de sa vie. Son génie m'a fasciné ».

Cette attirance exceptionnelle a fait naître en lui une vocation qui n'est pas s'en rappeler celle d'un jeune qui s'engage pour la vie en religion et reste fidèle à son choix jusqu'à la fin de son existence. Dans le monde de la musique, cette consécration totale à un seul compositeur est peu banale, ce qui la rend d'autant plus remarquable.

A la fin de sa vie, La Grange livre une sorte de testament qui prouve que non seulement Mahler ne l'a jamais déçu mais, bien au contraire, que ce compositeur l'a, d'année en année, de plus en plus marqué. Avec une émotion qu'il n'arrive pas à dissimuler, il déclare :

« Il m'a aidé tellement à vivre » ... « comme il a aidé énormément d'autres gens, sorte de preuve qu'il existe quelque chose au-dessus de l'Humanité »[168].

Quel beau témoignage rendu à un personnage qui a bouleversé et réorienté toute une vie.

Cet aveu du musicologue est un hommage vibrant certes à la musique de Mahler mais, à travers elle, à la personnalité et à la dimension cosmopolite et spirituelle du compositeur dont le rayonnement continue à projeter une lumière intense plus de cent ans après sa disparition.

Henry-Louis de La Grange a été séduit par les qualités hors du commun du personnage Mahler : sa passion pour la nature omniprésente dans son œuvre magistrale, sa croyance en la grandeur humaine, sa quête permanente d'un au-delà...

Au début de cette « vocation », il lui reste presque tout à découvrir de Mahler. Très vite, La Grange va chercher à rencontrer Alma Mahler ainsi que Bruno Walter, disciple du compositeur autrichien et son plus fidèle collaborateur. Ces personnes de l'entourage de Gustav Mahler vont lui permettre d'appréhender en profondeur qui était cet homme exceptionnel. Il rencontrera également sa fille Anna, artiste renommée notamment pour ses sculptures de qualité, dont un buste de son père affichant un beau sourire. Il fera également la connaissance de Marina, fille d'Anna, qui veille aujourd'hui sur l'héritage musical de son grand père. Ainsi il a eu la grande chance d'entrer en contact direct avec les témoins les plus proches du compositeur.

---

[168] Sur les pas de Mahler, film écrit par Alain Duault et Stéphane Ghez, réalisateur (2013) , déclaration de Henry-Louis de La Grange.

Henry-Louis de La Grange écrira plus de huit mille pages sur Mahler, dont trois tomes, source exceptionnelle détaillant la vie et l'œuvre de Gustav Mahler, sous-titrés « Chronique d'une vie » : le premier, « 1860-1900 », publié en anglais en 1973 à New York et en français dans une version enrichie, éditée par Fayard en 1979, avec une préface de Pierre Boulez (1149 pages). Le deuxième, « L'Age d'or de Vienne (1900-1907) », publié également par Fayard en 1983 (1278 pages) et le troisième, « Le Génie foudroyé (1907-1911) », du même éditeur, 1984 (1361 pages).

La Grange se livre à un travail titanesque, fruit de très nombreuses interviews réalisées notamment dans les endroits fréquentés par Mahler, de consultations d'archives lues avec la plus grande attention, d'écoute permanente de toutes les compositions du Maître, de découverte progressive de tout ce qu'aimait Mahler, dans toute l'Europe et aux Etats-Unis …

En raison du succès de ces trois tomes et de l'augmentation très rapide du public s'intéressant à Mahler, est apparu le besoin de résumer en un seul ouvrage beaucoup plus court (passage de près de trois mille huit cents pages à cinq cents) cette biographie - référence de Mahler. Avec l'aide de son éditeur, La Grange a publié en 2007 un livre condensé[169].

Grâce à son travail monumental sur Gustav Mahler, La Grange sera vite considéré comme le plus grand connaisseur du compositeur, devenu incontournable. En plagiant Henri Guillemin

[169] Gustav Mahler, par Henry-Louis de La Grange, avec la collaboration de Joël Richard, Fayard, 2007.

« Et sur de Gaulle, quoi de fondamental ? ...Voyez Lacouture »

on peut écrire sans risque :

« Et sur Mahler ?...Surtout consultez La Grange ».

Ce quatrième livre de synthèse facilite l'accès aux trois tomes de référence. Les non spécialistes peuvent donc commencer leur lecture par ce quatrième livre. Les connaisseurs de Mahler se plongeront tout de suite dans les trois tomes...

Henry-Louis de La Grange ne se contente pas d'écrire à lui seul « une vraie bibliothèque » sur Mahler, il donne aussi des conférences et des interviews sur le compositeur dans le monde entier : dans des universités prestigieuses, sur de nombreuses chaines de radio et plateaux de télévision, à travers de nombreux articles. Il organise des festivals et supervise une « Intégrale Mahler » au Théâtre parisien du Châtelet en 1989.

Il a également participé au montage de la très belle exposition « Mahler, un homme, une œuvre, une époque » en 1985, au Musée d'art moderne de la ville de Paris (Palais de Tokyo). Celle-ci a rassemblé des partitions, plusieurs versions du buste de Mahler par Rodin, des objets du compositeur, photographies, reproductions en modèle réduit des décors de scène signés Alfred Roller, correspondances et carnets, souvenirs de la Vienne du temps de Mahler...Rien que cela.

Parmi les visiteurs qui ont témoigné leur enthousiasme, il y avait...Jean Lacouture!

Nous avons la chance d'avoir à Paris une « MEDIATHEQUE MUSICALE MAHLER » bien sûr centrée sur le compositeur autrichien, fondée par La Grange et le critique musical français, compositeur,

Maurice Fleuret (1932–1990). Ouverte au public depuis 1986, elle rassemble de nombreux ouvrages sur le monde de la musique aux XIX et XXème siècles. A un étage supérieur, se trouve l'ancien bureau de La Grange avec essentiellement des ouvrages sur Mahler et surtout des souvenirs émouvants du grand compositeur, certains donnés par Alma Mahler en remerciement du travail considérable réalisé pour défendre la mémoire de son mari : une paire de ses lunettes si caractéristiques, sa dernière baguette de chef, des documents biographiques du couple Mahler, des partitions originales du compositeur,… une vraie mine d'or. Le lieu abrite près de dix-sept mille volumes, seize mille partitions, et plusieurs milliers de disques, de photographies…

Si cette médiathèque est fermée momentanément pour rénovation, il en existe d'autres à Paris, de qualité, qui permettent de patienter. Elles offrent des fonds documentaires importants sur le compositeur. Naturellement, on s'y sent moins proche de Mahler que dans le sanctuaire qui lui a été dédié par son admirateur La Grange.

Evoquant Henry-Louis de La Grange, Pierre Boulez, lui aussi passionné par Mahler et ayant dirigé toutes ses symphonies, écrira :

> « Il y a eu une sorte de transfert de personnalité entre Mahler et lui ».

La Grange a été directeur artistique de la manifestation « Gustav Mahler Music Weeks » de Toblach en 1986. Il a également été étroitement associé au Festival Mahler d'Amsterdam en 1995.

Sa fascination pour Mahler a fait l'objet d'un documentaire très intéressant « Pour l'amour de Mahler : la vie inspirée de l'historien Henry-Louis de La Grange », réalisé par l'écrivain américain Jason Starr (1966-   ) en 2015.

Les nombreux écrits et interviews de La Grange aident à comprendre combien, selon son avis, Gustav Mahler était un personnage hors du commun pouvant susciter des « vocations » qui ont pu modifier le cours du destin de certains, dont le sien.

Il donne le 2 juin 2014 une de ses dernières interviews. Au journaliste de Radio classique qui lui demande quelle question il voudrait poser à Gustav Mahler quand il le rencontrera sans doute un jour dans un autre monde, ce grand connaisseur du Maître répond :

> « Je me considère comme si peu de chose comparé à lui…je serai pris d'une telle timidité et d'une telle inquiétude que je baragouinerai quelque chose … mais ne saurai pas quoi dire… ».

Décédé en 2017 à 92 ans, Henry-Louis de La Grange a donc consacré plus de soixante-dix ans de sa vie à découvrir et faire connaître en profondeur le compositeur autrichien.

En allant régulièrement se recueillir sur la tombe du Maître, comme on le fait sur celle de ses êtres les plus chers, Henry-Louis de La grange a tenu, par ce geste touchant, à continuer, jusqu'à la fin de son existence, à honorer son père spirituel.

II.1.2. Leonard Bernstein (1918-1990) : la pédagogie brillante du grand chef d'orchestre et compositeur

On peut qualifier Bernstein de « phénomène », dans le meilleur sens du terme. Il a touché à tout avec bonheur.

Parmi ses nombreuses qualités, Leonard Bernstein voue une passion illimitée à Mahler et va se livrer à un véritable travail d'Hercule pour remettre en pleine lumière toute sa musique. Lui et Henry-Louis de La Grange vont prendre inlassablement et pendant de très longues années des initiatives des plus heureuses et souvent spectaculaires.

C'est à eux deux principalement que l'on doit la redécouverte de l'œuvre de Gustav Mahler dans le monde entier, chacun grâce à son métier et ses talents.

Bernstein dirige la musique du Maître avec une fougue, un enthousiasme et un plaisir non dissimulé, des plus communicatifs.

Mahler et Bernstein, ces deux « monstres sacrés de la musique » ont beaucoup de points en commun : tous deux juifs étaient de grands chefs et compositeurs, ils viennent des mêmes ghettos et ont en commun un goût pour l'humour, le théâtre, le folklore...

Tous deux ont dirigé le New York Philharmonic.

Dans plusieurs de ses nombreux exposés sur Mahler, Bernstein nous permet de découvrir des analogies dans la construction de leurs compositions s'appuyant sur des éléments triviaux, populaires, des évocations au judaïsme (pour Bernstein notamment dans sa troisième symphonie « Kaddish »).

Dans l'une et l'autre œuvre on retrouve une touchante fascination pour l'innocence de l'enfance et une quête identique d'un au-delà.

Dès 1943, Bernstein, âgé de vingt-cinq ans, étudie la deuxième symphonie de Mahler. C'est à peu près au même moment (1945) que La Grange découvre Mahler et commence à se passionner pour sa musique.

Après Bruno Walter et Dimitri Mitropoulos dans les années 1950, Bernstein dirigera à son tour des œuvres de Mahler au Philharmonique de New York.

Pédagogue né, Bernstein perçoit dès 1952 la puissance de l'image et fait filmer certains de ses concerts mais aussi de ses répétitions.

En 1958, il prend la merveilleuse initiative de sensibiliser les jeunes américains d'environ dix à quinze ans à la musique en créant un cycle « Young Peopel's Concerts ». Il dirigera cinquante-deux concerts depuis ce moment jusqu'en 1972. Les sept premiers avaient pour thème une présentation de la musique classique et le huitième, en février 1960, a été consacré à la découverte du premier compositeur choisi par Bernstein, selon ce titre « Qui est Gustav Mahler ? ».

Il anime pendant près d'une heure un concert d'initiation à la musique de Mahler dans le très prestigieux Carnegie Hall. A ce moment, celle-ci est tombée au plus profond de l'oubli et Bernstein n'hésite pas alors à faire ce choix. Risque étonnant mais pari brillamment réussi. Avant le début du concert, on voit voler dans la salle des avions en papier, spectacle assez rare dans ce temple de la grande musique… Ce remarquable pédagogue utilise principalement la quatrième symphonie de Mahler comme support pédagogique et il alterne explications, interventions de l'orchestre et de trois solistes… Initier les jeunes aux « Wunderhorn Lieder » tient de la gageure ! Il est vrai que Carnegie Hall n'est pas très éloigné de Broadway où les petits américains adorent assister à des spectacles chantés. De là à se passionner pour « La Vie céleste » de Mahler (quatrième symphonie), il n'y a qu'un pas franchi allègrement par le professeur de musique improvisé. Elle est interprétée par une première soprano, Reri Griest. Bernstein enchaine avec le troisième poème chinois du « Chant de la Terre » (« De la jeunesse » de Lǐ Bái), chanté par le ténor William Lewis. Leonard

Bernstein ne s'arrête pas en si bon chemin : il fait le choix d'un « Lieder Humoresque », « Le sermon de saint Antoine de Padoue aux poissons », interprété par la contralto Helen Raab, et termine par le dernier poème chanté du « Chant de la Terre », « L'adieu », chanté par la même contralto. Bernstein rencontre un succès mérité auprès des petits new yorkais qui, à la fin du concert, manifestent qu'ils sont ravis de ce « show Bernstein » (« Lenny » comme l'appellent affectueusement les Américains). Il réussit donc avec un brio étonnant cet exercice périlleux de transmettre à des jeunes sa passion pour le compositeur autrichien qu'ils ne connaissent pas.

Il est le premier à enregistrer l'intégrale des symphonies de Mahler (de 1960 à 1967, pour CBS). Du concert en direct, il passe au disque ou à l'enregistrement filmé. Ainsi, dans les années 1970, il fera filmer l'intégrale des symphonies de Mahler et dans les années 1980, enregistrera sur disque une nouvelle intégrale (Deutsche Grammophon).

Cet ambassadeur infatigable de Mahler inscrit en 1966 la cinquième symphonie de Mahler au programme de l'orchestre philharmonique de Vienne. Elle n'avait pas été jouée depuis l'«Anschluss » de 1938. Pourtant, à ce moment, l'antisémitisme marquait encore une partie de la formation viennoise (ainsi, certains des musiciens de l'orchestre avaient été membre du parti nazi). De 1983 à 1990, Bernstein continuera à diriger régulièrement des œuvres de Mahler à la tête de cet orchestre.

Il a aussi été l'animateur brillant de plusieurs documentaires dont « The Little Drummer Boy » ("Le Petit Joueur de tambour"), filmé pour le cent-vingt-cinquième anniversaire de la naissance de Mahler (1985). Bernstein témoigne de ce que lui inspire l'œuvre de

Mahler dont il a dirigé quasiment toutes les compositions. Il est entouré de chanteurs illustrant ses propos par des interprétations musicales. Les séquences ont été enregistrées à Tel Aviv (avec l' Israël Philharmonic Orchestra), en Grande Bretagne (dans la Cathédrale d'Ely, près de Cambridge, avec le London Symphony Orchestra), et à Vienne (dans la salle où Mahler a donné son dernier concert avant de partir pour New York, avec le Wiener Philharmoniker). Il évoque notamment l'incidence sur la musique du compositeur viennois de la culpabilité d'être juif converti, selon le ressenti de Bernstein.

A propos de l'œuvre de Mahler, Leonard Bernstein écrit avec beaucoup de lucidité :

> « Sa musique est révélatrice, comme une caméra qui fixe la société occidentale au moment de sa décrépitude naissante. A l'époque de Mahler, les auditeurs refusent ce miroir : ils s'arrêtent sur les exagérations, les extravagances, sans reconnaître qu'elles traduisent les symptômes de leur chute ».

Dans une lettre à sa sœur, il termine par ces mots :

> « Quand je dirige les œuvres de Mahler, il me semble jouer certaines des miennes ».

Si l'on cherche quelqu'un qui aurait le plus de points de ressemblance avec Gustav Mahler, on peut penser à Leonard Bernstein.

II.1.3. Luchino Visconti (1906-1976) : le film « Mort à Venise »

Hasard des dates, « Mort à Venise » de Visconti sort en 1971 et le premier des trois tomes « Gustav Mahler,

Chronique d'une vie » de La Grange est édité en 1973, à quelques mois d'intervalle.

Luchino Visconti, par son superbe film, va marquer les esprits notamment par le thème musical principal de « Mort à Venise », l'« Adagietto », une des pages les plus touchantes de la grande musique. Grâce à Visconti, ce « court adagio » (d'une durée de moins de dix minutes) va devenir une sorte de mythe. Beaucoup de spectateurs prenant place dans les salles de cinéma ne connaissent pas ou très peu Gustav Mahler. Ils vont avoir la chance de faire la découverte d'une musique des plus douces et mélancoliques qui ait jamais été écrite. Ils vont associer l' « Adagietto » à des images superbes comme sait en faire à la perfection Visconti. Les nombreux amateurs de cinéma qui ont vu « Mort à Venise » garderont un très beau souvenir du Lido et de la si belle musique qu'ils associeront à Mahler dont le nom apparait dans le générique comme compositeur. Les spectateurs assidus de cinéma sont souvent passionnés de musiques de film et beaucoup voudront réentendre cette page musicale qu'ils ont découverte, en achetant un disque qui leur donnera l'idée d'en savoir plus sur Gustav Mahler.

Ils constateront que ce merveilleux « Adagietto » est le quatrième mouvement de la cinquième symphonie.

Le scénario du film est tiré d'un roman court, du même nom, de Thomas Mann, écrit en 1911. La fidélité à la personnalité du musicien viennois n'a guère été respectée par Thomas Mann. On peut le regretter. Mann a introduit des éléments autobiographiques dans son roman, repris par Visconti. Le personnage principal du film ressemble un peu à Mahler dont il porte le prénom et les lunettes si caractéristiques. Mais la personnalité et la vie de ce compositeur s'écartent beaucoup de celles de Mahler, pour être plus proche de celle de Thomas Mann[170]. Pour autant, ce « film fétiche » qui fait de fréquentes allusions à Mahler a de grandes qualités. C'est un chef d'œuvre cinématographique, proche de la perfection, sorte d'hymne à la beauté absolue symbolisée par un jeune dieu grec, « Tadzio ». Il marque un sommet dans l'art du réalisateur italien.

Visconti savait mieux que quiconque que le merveilleux quatrième mouvement de la cinquième symphonie, l'« Adagietto », allait ramener le spectateur, malgré lui, au maître viennois et il a nourri cette ambiguïté. Cette musique particulièrement touchante accompagne de manière pathétique l'intrigue de ce beau film, imprégné de la mort qui rode et qui va frapper.

Il revient à Luchino Visconti, aidé par Thomas Mann, l'immense mérite d'avoir contribué à tirer la musique de Mahler du long oubli injustifié dans lequel elle était tombée depuis son décès. Grâce à Visconti, l'« Adagietto » sera un des symboles du retour à la reconnaissance définitive du génie de Mahler.

Thomas Mann est un grand admirateur de Mahler. Le 12 septembre 1910, il était dans la salle de concert de Munich pour écouter le Maître diriger magistralement la création historique de la huitième symphonie. Au printemps de l'année 1911, Thomas Mann séjourne à Venise, au Lido, et apprend là, le 11 mai, par une curieuse coïncidence, le décès de Gustav Mahler, qui l'affectera beaucoup. C'est peu de temps après, la même année, qu'il écrit « La Mort à Venise ». Par ailleurs le pessimisme de l'auteur du roman, très perceptible dans le film de Visconti, est notamment lié à la prémonition qu'a Thomas

---

[170] Gustav Mahler, par Henry-Louis de La Grange, Fayard,1984, Tome III, Le Génie foudroyé, pages 828-829.

Mann de l'imminence d'un cataclysme. Ce sera hélas la première guerre mondiale.

Les trois « ambassadeurs » de la musique de Mahler vont toucher un large public assez différent, ce qui est heureux : Henry-Louis de La Grange s'adresse surtout aux mélomanes, avertis ou non. Leonard Bernstein également mais par ses nombreuses émissions télévisées, il va sensibiliser un auditoire étendu, comme les jeunes américains qui découvrent la musique classique. Luchino Visconti a un autre public, les amateurs de cinéma, encore beaucoup plus large.

Ainsi, les trois ont, chacun avec son public et son art, sans se concerter, joué un rôle déterminant dans le retour en grâce du compositeur, qui se manifeste à partir des années 1960/1970. Ce sont les initiatives prises pendant des dizaines d'années qui provoquent durant cette période un retour à la lumière de la musique mahlérienne. Et cet engouement que les trois « ambassadeurs » ont largement contribué à recréer va aller en s'amplifiant de manière spectaculaire. En effet, pas à pas, de nombreux jeunes chefs d'orchestre, parmi les plus prometteurs, vont eux-aussi traduire leur admiration pour la musique de Mahler, aux côtés de solistes réputés, fascinés également par ce compositeur. C'est l'objet de la suite de cette seconde partie où nous allons évoquer les initiatives prises par cinq chefs d'orchestre contemporains. Il fallait en limiter le nombre pour éviter de tomber dans une répétition d'éloges sur l'œuvre de Mahler, fastidieuse pour le lecteur.

Tout d'abord, une place privilégiée est réservée aux « pionniers » qui ont connu Mahler et ont cru en lui de son vivant ou, s'ils ne l'ont pas connu, ont découvert et défendu sa musique peu de temps après son décès.

II.2. IMPORTANTE CONTRIBUTION DES AUTRES ADMIRATEURS DE GUSTAV MAHLER

II.2.1. « Les pionniers »

Ils ont manifesté leur foi indéfectible en la musique de Mahler. Pendant la longue période de purgatoire, et avant les trois « ambassadeurs », ils ont eux-aussi contribué de manière significative à maintenir la flamme mahlérienne, bien que mise sous le boisseau.

Voici ces « pionniers » les plus marquants, dont la liste a été établie selon l'ordre chronologique de leur premier contact avec Mahler : Bruno Walter, Arnold Schönberg, Willem Mengelberg, Henry Wood, Alban Berg, Anton Webern, Otto Klemperer, et Oscar Fried. Trois autres ont découvert sa musique peu de temps après sa mort et se sont également passionnés pour le compositeur : Leopold Stokowski, Jasha Horenstein et Dimitri Mitropoulos.

Pour éviter d'être trop répétitif dans les propos élogieux, comme pour les chefs d'orchestre contemporains je me limite à retenir cinq « pionniers » qui ont connu Gustav Mahler et deux qui ne l'ont pas connu : Bruno Walter, Willem Mengelberg, Henry Wood, Otto Klemperer, Oscar Fried ainsi que Leopold Stokowski, Jasha Horenstein.

Ne seront évoquées très brièvement que leurs principales initiatives prises pour promouvoir la musique mahlérienne.

II.2.1.1. Pionniers qui ont connu Mahler

II.2.1.1.1. (1894)[171] Bruno Walter (1876-1962) - chef d'orchestre, compositeur et pianiste allemand héritier naturel de Mahler

C'est cette année 1894 qu'il est recruté à l'Opéra de Hambourg dont Mahler est Directeur musical. Bruno Walter relate sa première entrevue avec Gustav Mahler dans son livre qu'il lui a consacré. Il évoque :

> « ...la violence irrésistible avec laquelle il pénétra dans l'univers du jeune musicien que j'étais et bouleversa complètement l'idée que je me faisais de l'existence »[172].

Il ajoute ensuite :

> « ...la dévotion et la révérence illimitées que m'inspirait Mahler... »[173].

Ils ont des points communs : ils sont d'origine juive, d'un milieu modeste, passionnés de musique allemande, proches de Thomas Mann...Comme son Maître, Bruno Walter, très jeune, révèle des dons pour le piano et ses parents l'inscriront au conservatoire de Berlin dès l'âge de huit ans. Également comme Mahler, Walter est un surdoué et les deux ont une personnalité très attachante.

Il sera l'un des meilleurs interprètes de la musique du compositeur et l'un de ses défenseurs les plus acharnés : pendant sa longue carrière, il se dépensera sans compter pour mettre en valeur cette musique si souvent contestée. Si Mahler lui a beaucoup apporté, Bruno Walter, en retour,

---

[171] Date du premier contact avec Gustav Mahler.

[172] Gustav Mahler, par Bruno Walter, Collection Pluriel, 1979, pages 46-47.

[173] Idem, page 50.

sera le second dont le compositeur autrichien a besoin. Mais aussi son ami, son confident.

Pendant la composition de la troisième symphonie de Mahler, Bruno Walter lui rendra visite en juillet en 1895, signe de leur grande amitié. A l'occasion de ce séjour, le visiteur relatera ses longues journées à Steinbach aux côtés du compositeur, qui permettent de découvrir, au fil des longues heures qu'ils ont passées ensemble, le « vrai Mahler » : travailleur forcené le matin, ami détendu le reste de la journée, qui lit tout haut, éclate de rire, plaisante, se met au piano avec Walter, et « est enchanté par deux chatons qu'il ne se lassait jamais de regarder jouer...lorsqu'il partait faire une brève promenade, les fourrait dans ses poches et s'amusait à observer leurs cabrioles chaque fois qu'il s'arrêtait...jouait avec ces petites bêtes à une sorte de cache-cache... »... « il montrait un intérêt amical pour les oiseaux et tous les habitants de la forêt... »[174].

Ces pages pleines de fraîcheur en apprennent beaucoup sur le tempérament d'un compositeur enjoué, plein d'humour, se confiant sans artifice à ses amis...

Dès la fin de l'écriture de sa troisième symphonie, à la fin de l'été, Mahler la fait découvrir à Walter en se mettant au piano. Celui-ci écrit :

> « j'étais littéralement confondu par la puissance et la nouveauté de sa musique ; le souffle créateur et la noblesse de l'œuvre me déconcertaient... de son être tout entier paraissait émaner une mystérieuse affinité avec les forces de la nature »[175].

---

[174] Gustav Mahler, par Bruno Walter, Collection Pluriel, 1979, pages 66-67.

[175] Idem page 67.

En 1901 Walter rejoint Gustav Mahler à l'opéra de Vienne. Mahler traduira la grande estime qu'il éprouve pour Bruno Walter en le faisant nommer directeur de cet opéra renommé. C'est la même démarche que Johannes Brahms avait entreprise au profit du jeune chef Gustav Mahler lorsqu'il l'a fait nommer à la direction du même opéra.

Bruno Walter dirige en 1908 la troisième symphonie à Vienne. Elle rencontre un énorme succès.

Sachant que Gustav Mahler est malade, Bruno Walter l'interrogera, bien qu'il sache que le compositeur n'apprécie pas du tout ce genre de question. C'est une nouvelle preuve de l'intimité de leur relation amicale qui permet d'aborder tous les sujets.

Bruno Walter dirigera la création du « Chant de la Terre » en novembre 1911 et l'année suivante, celle de la neuvième symphonie.

A l'approche de la seconde guerre mondiale, l'origine juive de Bruno Walter l'incitera à s'exiler en 1938 en France et ensuite aux Etats-Unis.

Comme Mahler, Walter poursuivra donc sa carrière aux Etats-Unis, et sera notamment responsable de l'Orchestre philarmonique de New York et du « MET », à nouveau dans les pas de Mahler.

Peu de temps après la seconde guerre mondiale, Bruno Walter revient à Vienne pour présider la cérémonie d'installation à l'Opéra du buste de Gustav Mahler, signé de Rodin.

Il dirigera partout dans le monde, principalement des œuvres de Mahler, en particulier en 1952, le « Chant de la Terre » dont le disque (Decca) est devenu une référence.

Dans un dernier signe d'attachement exceptionnel à son Maître, Bruno Walter sera présent, avec Alma, aux côtés de son ami Gustav Mahler au moment de sa mort.

II.2.1.1.2. (1902) Willem Mengelberg (1871-1951) - chef d'orchestre et compositeur néerlandais

Très jeune, il démarre une brillante carrière de chef et dirige une cinquantaine d'années le Concertgebouw d'Amsterdam. Il va en élever considérablement le niveau, médiocre au moment où il prend ses fonctions, pour en faire un des orchestres mondiaux les plus réputés.

Cet entreprenant chef hollandais va être captivé par la musique de Mahler. Il le rencontre en 1902, à la création de la troisième symphonie que le compositeur autrichien dirige à Krefeld. Ils vont établir une longue relation qui deviendra vite amicale.

Considérant que Mahler était "Le Beethoven de son temps", Mengelberg défendra naturellement sa musique de manière inconditionnelle. A la demande de Mengelberg, Mahler dirigera plusieurs de ses œuvres à Amsterdam : tout d'abord en 1903, la troisième symphonie et en 1904, la quatrième. Cette dernière était la seule œuvre au programme d'un concert pour le moins original : avant l'entracte cette symphonie a été dirigée par Mengelberg et en seconde partie, par Mahler ! Il écrit alors à son épouse Alma que cette idée de programmation de Mengelberg était un "coup de génie" et que « la soirée a été stupéfiante »[176] : l'accueil réservé au concert par le public hollandais et par la critique musicale est exceptionnel. Mahler considère dès ce moment la Hollande comme « sa seconde patrie musicale »[177] et aux Etats-Unis, il envisagera, pour son retour en Europe, de s'installer dans ce pays.

---

[176] Gustav Mahler, par Henry-Louis de La Grange, Fayard, 2007, page 227.

[177] Idem, page 227.

Ensuite en 1906 et 1909, le compositeur présente à Amsterdam la première, cinquième et septième symphonies, ainsi que des Lieder (dont « Das Klagende Lied », sa première composition, et les « Kindertotenlieder »). La septième recueille un accueil triomphal.

En 1912, Willem Mengelberg dirige la création hollandaise de la huitième symphonie et en 1918, celle de la neuvième.

Grâce au chef hollandais, une « Communauté Mahler » a été créée aux Pays-Bas et une manifestation remarquée a vu le jour en 1920, le « Festival Mahler ». Toutes les symphonies de Mahler et d'autres de ses œuvres ont été interprétées au Concertgebouw d'Amsterdam au cours de neuf concerts.

Devenu également chef du New York Phiharmonic Orchestra, Mengelberg va dans les années 1920 chercher, comme en Hollande, à promouvoir la musique de Mahler aux Etats-Unis.

En 1995, un deuxième « Festival Mahler » a, comme en 1920, présenté au public d'Amsterdam une intégrale des symphonies de Mahler.

Un troisième « Festival Mahler » aura lieu en mai 2020 pour marquer le centenaire de la réussite de 1920. A nouveau, toutes les symphonies de Mahler figureront au programme. Ceci prouve la grande « tradition Mahler » qui perdure au sein du Concertgebouw d'Amsterdam, grâce à Willem Mengelberg.

Cette relation avec Mengelberg est une éloquente illustration de l'énorme travail que réalise Mahler pour tisser une toile relationnelle pour la promotion de son œuvre, ici en Hollande, mais aussi dans d'autres pays.

II.2.1.1.3. (1902) Sir Henry Wood (1869-1944) - chef d'orchestre britannique

Son nom reste associé aux « BBC PROMS » qu'il a dirigés pendant une cinquantaine d'années, à partir de 1895. Par reconnaissance pour ce chef, ces grands concerts londoniens seront aussi appelés « *Henry Wood Promenade Concerts* » (en raccourci, « PROMS »).

C'est un personnage marquant du monde musical anglais de la fin du XIXème siècle et de la première moitié du XXème. Wood prend de nombreuses initiatives pour faire connaître des compositeurs modernes. Très bon pédagogue, il se tourne notamment vers le grand public. Avec ces qualités, il est un excellent interlocuteur pour Mahler qui cherche à introduire ses œuvres au Royaume-Uni. Ils se rencontrent en 1902 et Wood se passionne aussitôt pour la musique de Mahler.

Dès la saison 1903 des « PROMS », Wood a fait figurer au programme la première symphonie de Mahler. Ce sera sa première œuvre dirigée en Grande Bretagne.

Wood assurera les premières auditions au Royaume-Uni de nombreuses autres œuvres de Mahler : la quatrième symphonie en 1905, suivie des septième, huitième, l'« Adagio » de la dixième et « Das Lied von der Erde ». Pendant de longues années Henry Wood sera le fervent défenseur de la musique de Mahler en Grande Bretagne. A titre d'exemple, en 1930, il dirige la monumentale huitième symphonie de Mahler à la tête de l'Orchestre symphonique de la BBC. Il s'agit de la première à Londres qui remportera un grand succès.

Lors de la dernière saison des PROMS (2019), figurait au programme du mois d'août « Das Lied von der Erde » de Mahler et sa quatrième symphonie.

II.2.1.1.4. (1905) Oscar Fried (1871-1941) - chef d'orchestre et compositeur allemand

Oscar Fried a un parcours original : d'origine très modeste et d'une famille juive pauvre, il doit très tôt gagner sa vie en étant… clown et dresseur de chiens ! Mais il pourra fort heureusement se lancer rapidement dans la musique.

En 1905, Fried rencontre à Vienne Gustav Mahler dont il devient un fervent admirateur. Très vite il se lie d'amitié avec le compositeur autrichien dont il va diriger toutes les symphonies. Oscar Fried donne un premier concert à Berlin, dès décembre 1905, avec au programme la deuxième symphonie « RESSURECTION », en présence de Mahler. Il se fait assister par le jeune Otto Klemperer, âgé de vingt ans, dirigeant une partie de l'orchestre en coulisse, comme le veut le compositeur. Le concert rencontre un énorme succès : « à la fin du concert, les applaudissements du public se déchainent comme un orage. Les bravos frénétiques se prolongent et Mahler est obligé de revenir ainsi plusieurs fois saluer avec Fried, tandis que les musiciens, les chanteurs et les choristes l'acclament, eux aussi »[178].

[178] Gustav Mahler, Chronique d'une vie, Tome II L'âge d'or de Vienne, par Henry-Louis de La Grange, Fayard, 1983, page 727. Mahler, la veille du concert, assiste à la répétition qui montre que Fried a oublié toutes ses recommandations ! Il écrit alors, dépité, à Alma qui est restée à Vienne : « Heureux, ô heureux qui est cordonnier !» (La Grange, page 725). Heureusement cette répétition permettra cette fois à Fried de prendre en compte les remarques du Maître et le concert aura ce succès étonnant. Fried, à la fin du concert, « se précipite sur le compositeur, l'embrasse et le tire par la main sur le podium, pour qu'il salue avec lui » (La Grange, page 727).

Il existe en archive une belle photo de Gustav Mahler et Oscar Fried à la fin de ce concert, le premier détendu, le second très sérieux selon son habitude.

Reprenant le même programme, Fried introduit pour la première fois la musique de Mahler en Russie, à Saint Pétersbourg, en 1906. Il dirige à Berlin, en 1911, la septième symphonie. Il assurera la première représentation en Allemagne de la neuvième symphonie, également à Berlin en 1913. Ce sera la deuxième représentation de l'œuvre après sa création à Vienne en 1912, sous la baguette de Bruno Walter.

Inconditionnel de la musique de Mahler, il dirige à Vienne en 1920 la quasi-totalité des œuvres de Mahler. Fin 1920, il présente dans la même ville « Das *klagende Lied* », la première composition de Mahler qui a déplu à Johannes Brahms, et la quatrième symphonie en 1925 à Berlin.

Cet admirateur de Mahler continuera à jouer ses œuvres durant toute sa carrière qu'il poursuivra, pour échapper au nazisme, en URSS.

II.2.1.1.5. (1905) Otto Klemperer (1885-1973) - chef d'orchestre et compositeur allemand

Il fait la connaissance de Gustav Mahler en décembre 1905, à l'occasion d'un concert consacré à sa deuxième symphonie : Otto Klemperer, recruté par Oscar Fried, assurait, comme nous venons de l'évoquer, la direction en coulisse d'une partie des cuivres (cors et trompettes). Des liens d'amitié se nouent rapidement.

Mahler qui appréciait beaucoup ses qualités musicales, appuya sa candidature au poste de chef d'orchestre du Théâtre allemand de Prague (il occupera ce poste de 1907 à 1910) en rédigeant un mot de recommandation que

Klemperer conservera précieusement. Mahler l'aidera également à être nommé chef d'orchestre à l'Opéra d'Etat de Hambourg (1910-1913).

Otto Klemperer, devenu disciple de Mahler, sera un fervent admirateur du compositeur et il prendra la défense de sa musique de manière appuyée.

Il livre ce beau témoignage sur le compositeur autrichien, définissant avec justesse les traits dominants du personnage Mahler :

« Resteront sa personnalité, sa pureté d'âme, son intégrité, son attitude intransigeante face à ses collaborateurs ».

En 1910, Otto Klemperer assiste Mahler pour la création de sa huitième symphonie dite *« des Mille »,* ainsi que Bruno Walter.

Mais plusieurs graves accidents de santé, dont une hémiplégie, allaient bouleverser sa carrière et on le vit dorénavant diriger assis (jusqu'en 1970, date de fin de sa carrière).

Klemperer publiera en 1960 un livre attachant sur son Maître : « Mes Souvenirs de Gustav Mahler et autres esquisses autobiographiques ».

Toujours dans les années soixante, il rencontrera Daniel Barenboïm à Londres. Le chef d'origine argentine est venu l'écouter diriger la septième symphonie de Gustav Mahler. Ils évoqueront la vie de Mahler, notamment sa souffrance en raison d'attaques antisémites qui d'après l'un et l'autre l'ont beaucoup touché. Klemperer pense que c'est la raison pour laquelle Gustav Mahler a introduit des scènes juives dans sa musique.

En 1965 Klemperer dirige à Munich un concert mémorable de la deuxième symphonie de Mahler, heureusement gravé sur disque par EMI.

II.2.1.2. Pionniers qui n'ont pas connu Mahler

II.2.1.2.1. (1915) Leopold Stokowski (1882-1977), chef d'orchestre britannique

Personnage pouvant sortir d'une série d'Hollywood, Leopold Stokowski a une personnalité à l'opposé de celle de Gustav Mahler qu'il a beaucoup admiré.

Après une excellente formation à Londres et un début de carrière de chef d'orchestre mené tambour battant, il est recruté en 1912 comme directeur de l'Orchestre de Philadelphie où il prend très vite de nombreuses initiatives qui attirent l'attention sur son personnage, ce qui n'est pas pour lui déplaire.

En 1915, il lance son orchestre dans une aventure pour le moins risquée : la création américaine de la huitième symphonie de Gustav Mahler. Fort de son audace peu banale, Stokowski fait inscrire cette œuvre monumentale au programme de la saison 1915-1916 du Philadelphia Orchestra. Le concert qui a eu lieu le 2 mars 1916 a rencontré un immense succès et contribué à rappeler aux Etats-Unis le compositeur Mahler, alors beaucoup plus connu outre atlantique pour sa direction d'orchestre et d'opéra (New York, 1908 à 1911). Le succès est tel qu'il est décidé alors de donner le même concert en avril 1916 au Metropolitan Opera House. Deux trains privés ont transporté mille deux cents musiciens de Philadelphie à New York pour cette seconde représentation. Ce chef d'orchestre assez excentrique, coutumier de prendre quelques libertés avec les partitions, respecta fort heureusement l'esprit de l'œuvre de Mahler et se fit apprécier pour la qualité de son exécution.

Le 6 avril 1950, toujours sous la direction de Stokowski âgé alors de soixante-huit ans, le même concert est donné une troisième fois, avec le New York Phiharmonic

Symphony Orchestra, et le même succès est obtenu. Il marquait le quarantième anniversaire de la création de la symphonie. Ce concert a été enregistré et gravé, beau souvenir de ce moment mémorable.

Leopold Stokowski dirige en 1963, à quatre-vingt-un ans, la deuxième symphonie de Mahler avec l'orchestre symphonique de Londres aux « PROMS », et la participation de Janet Baker (1933-), mezzo-soprano britannique très appréciée pour ses interprétations de Mahler.

Il est difficile de ne pas évoquer le film « Fantasia » (1940) de Walt Disney, avec Leopold Stokowski dirigeant le Philadelphia Orchestra et la complicité de Mickey. S'il avait pu voir ce spectacle, le chef d'orchestre Gustav Mahler y aurait pris beaucoup de plaisir... en retrouvant un peu l'ambiance de ses poèmes « Humoresques » !

II.2.1.2.2. (1922) Jasha Horenstein (1898-1973) - chef d'orchestre ukrainien

Formé à Vienne et Berlin, Horenstein dirige très jeune les orchestres de ces deux villes et se passionne pour la musique moderne, surtout pour Mahler dont il exécute régulièrement les œuvres pendant toute sa carrière. Dès 1922, à vingt-quatre ans, il dirige son premier concert Mahler. Il apprécie tout particulièrement sa sixième symphonie.

Jasha Horenstein réalise un premier enregistrement en studio d'une œuvre de Mahler : la neuvième symphonie (1952), ensuite la première symphonie (1953), les « *Kindertotenlieder* » (1954) et des « *Lieder eines fahrenden Gesellen* » (1954).

En mars 1959 il dirige un concert monumental et mémorable de la huitième symphonie au Royal Albert Hall avec le London Symphony Orchestra.

Horenstein enregistre la troisième symphonie en 1961 avec la contralto anglaise Helen Watts (1927-2009) et le London Symphony Orchestra, ainsi que, la même année, la cinquième symphonie.

Jasha Horenstein enchaine avec un CD : la sixième symphonie de Mahler (1966) qu'il enregistrera à quatre reprises. Il dirige en 1969 la septième symphonie au Royal Albert Hall avec le New Philarmonia Orchestra de Londres. Il enregistre à nouveau, en 1970, la troisième symphonie, cette fois avec la contralto anglaise Norma Procter (1928-2017) et la même année la quatrième symphonie avec la soprano Margaret Price (1941-2011).

Jasha Horenstein sera considéré comme un des meilleurs chefs d'orchestre de la musique de Mahler.

II.2.2. Les autres chefs d'orchestre contemporains passionnés par Mahler

Après les « pionniers » relayés par les trois « ambassadeurs », de nombreux chefs contemporains vont également tomber sous la fascination de la musique de Gustav Mahler et contribuer à amplifier le retour à la lumière de son œuvre musicale.

En limitant la liste aux chefs d'orchestre les plus ardents défenseurs de la musique de Mahler, j'ai retenu, en ordre alphabétique : Claudio Abbado, John Barbirolli, Daniel Barenboïm, Alexandre Bloch, Pierre Boulez, Jean-Claude Casadesus, Ricardo Chailly, Philippe de Chalendar, Myung-whun Chung, Christoph Eschenbach, Daniele Gatti, Valery Gergiev, Bernard Haitink, Daniel Harding, Manfred Höneck, Mariss Jansons, Ken-Ichiro

Kobayashi, Rafaël Kubelik, Elialu Inbal, Jean Martinon, Zubin Mehta, Jonathan Nott, Simon Rattle, Fritz Reiner, François-Xavier Roth, Esa-Pekka Salonen, Jukka-Pekka Saraste, Hermann Scherchen, Giuseppe Sinopoli.

Comme précisé, pour éviter d'être fastidieux dans la présentation, je me limite donc à ne retenir que cinq chefs d'orchestre de cette liste. Mais lesquels pour donner l'éclairage le plus parlant sur la vision de la musique mahlérienne de nos jours ? Le regretté Claudio Abbado s'impose par le nombre impressionnant d'actions menées pour défendre la musique du compositeur autrichien. Il en est de même pour Simon Rattle. Il m'est apparu intéressant d'évoquer le point de vue de Daniel Barenboïm qui n'est pas un inconditionnel de Mahler, de manière à introduire une certaine contradiction dans le ressenti de grands chefs. Restaient à trouver deux noms. Que pense un grand chef asiatique de la musique mahlérienne ? Retenir le chef sud-coréen Myung-whun Chung m'est apparu judicieux. Enfin, que ressent « la jeune génération » des chefs d'orchestre ? L'avis de Daniel Harding, âgé de quarante-quatre ans mais dirigeant de grands orchestres depuis vingt ans, me semble opportun.

Voici donc ces cinq chefs retenus : Claudio Abbado, Daniel Barenboïm, Myung-whun Chung, Sir Simon Rattle, Daniel Harding.

Avant d'évoquer la fascination exercée par la musique de Mahler sur ces cinq chefs contemporains, je voudrais rendre un très bref hommage à un grand chef d'orchestre mahlérien qui vient de nous quitter, le trente novembre 2019, Mariss Jansons. A la fin d'une brillante carrière, il laisse le souvenir d'une personnalité des plus attachantes. Passionné par la musique de Gustav Mahler, ce chef d'origine lettone a dirigé de nombreuses œuvres du compositeur autrichien et nous laisse heureusement des disques de grande qualité. Je me limite à citer un album mémorable réalisé en 2001 : les première et neuvième symphonies, récompensées par le prestigieux « Prix Toblach », couronnant le meilleur enregistrement de l'année. Le présentateur averti de Radio Classique, Francis Drésel, a rendu un hommage appuyé à Mariss Jansons dans son « Grand Concert du Dimanche » du 8 décembre 2019, en retransmettant la cinquième symphonie de Mahler que ce grand chef a dirigé en mars 2016 à la tête l'Orchestre symphonique de la radiodiffusion bavaroise.

II.2.2.1. (1960)[179] Claudio Abbado (1933-2014) - chef d'orchestre italien

Chef brillant, figure emblématique qui s'est faite apprécier par ses qualités humaines, Claudio Abbado ne pouvait qu'être fasciné par Mahler, tant par sa musique que par sa personnalité ayant beaucoup de points communs avec la sienne.

Il affirma très tôt :

« Mahler sera pour moi une référence permanente ».

Toute sa carrière, ce Milanais a poursuivi une démarche d'approfondissement du monde symphonique de Mahler, notamment à la Scala de Milan où il a pu mettre en valeur tout le répertoire mahlérien. C'est en 1960 qu'il est nommé chef d'orchestre à la Scala. Abbado n'a que vingt-sept ans. Il va la réorganiser de manière spectaculaire. Pour le répertoire, il sélectionne de grands compositeurs de musique orchestrale, dont Mahler.

[179] Date de la première initiative prise pour faire connaître l'œuvre de Mahler.

Leonard Bernstein l'embauche à ses côtés en 1963, dans l'Orchestre Philharmonique de New York. Pendant l'année de travail passée ensemble, Bernstein n'a pu qu'amplifier l'admiration de Claudio Abbado pour Gustav Mahler et l'a encouragé à poursuivre son travail de découverte approfondie de la musique du compositeur autrichien.

En 1965 Claudio Abbado dirige un concert avec l'Orchestre de la Radio de Berlin. Il est alors repéré par Herbert von Karajan qui l'invite au Festival de Salzbourg. Selon sa proposition, Abbado dirigera, une première pour ce prestigieux Festival, la deuxième symphonie de Mahler. Claudio Abbado précise que Karajan a accepté son choix en disant : « ah oui c'est formidable ! »[180] (bien sûr en allemand). Ce concert sera accueilli par un triomphe. La symphonie « RESURRECTION » devient en quelque sorte l'œuvre fétiche de Claudio Abbado. Il la fera figurer au programme de ses concerts pour de grandes occasions.

Abbado a dirigé les œuvres de Gustav Mahler avec un plaisir non dissimulé qu'il communiquait tant à son orchestre qu'au public toujours ravi de ses prestations.

Soucieux de l'avenir des jeunes musiciens, il créera notamment l'« Orchestre des Jeunes Gustav Mahler » (*« Gustav Mahler Jugendorchester »)* à Vienne en 1986. Le recrutement se réalise dans près de trente villes européennes. L'orchestre acquiert rapidement une réputation d'excellence et attire de ce fait de grands chefs, solistes…qui concourent à leur tour à relever encore son niveau.

---

[180] « Autopsie d'un génie », film d'Andy Sommer (2011). Témoignage de Claudio Abbado qui s'exprime en français.

De 1979 à 1989, il est nommé chef principal puis directeur musical du London Symphony Orchestra et présente à Londres un cycle Mahler.

En octobre 1989, peu de temps après la mort de Herbert von Karajan et à la surprise de tous, y compris la sienne, Abbado est retenu comme chef principal et Directeur musical de l'Orchestre philharmonique de Berlin. Pour son concert inaugural dans la capitale allemande, il choisit deux symphonies, l'une de Schubert, l'autre de Mahler.

Multipliant les initiatives en faveur de la musique mahlérienne, il crée en 1997 le « Mahler Chamber Orchestra », pan-européen, qu'il dirige jusqu'en 2003. L'orchestre sera constitué de nombreux musiciens formés dans l'« Orchestre des Jeunes Gustav Mahler ». Il se produira dans le monde entier, en particulier dans les grands Festivals.

Au faîte de la gloire, Claudio Abbado est atteint, en 2000, d'un cancer qui l'oblige de réduire drastiquement son activité.

Fort heureusement, une opération réussie lui permettra de reprendre plus tard des initiatives.

En août 2003, il fait renaître l'Orchestre du Festival de Lucerne fondé en 1938 par Arturo Toscanini et tombé en désuétude depuis 1993. Pour le premier concert, il choisit à nouveau son « œuvre fétiche », la deuxième symphonie « RESURRECTION » de Gustav Mahler. Ensuite il poursuit un cycle Mahler avec un égal succès. En 2005, toujours au Festival de Lucerne, Abbado dirige la septième symphonie de Mahler pour fêter les cent ans de la fin de sa composition (1905), à la tête du Lucerne Festival Orchestra. Le public debout réserve une longue ovation au chef et à l'orchestre, sous une pluie de pétales de fleurs.

A partir de 2010, il démarre une nouvelle tournée dans de grandes capitales mondiales. Cette année-là, Abbado dirige la neuvième symphonie de Mahler à nouveau au Festival de Lucerne avec son orchestre. Une nouvelle standing ovation accueille la fin de ce grand concert.

Chef très estimé de ses musiciens, il est notamment attentif aux solistes et aux chorales.

Claudio Abbado restera un des grands chefs d'orchestre du XXe siècle, marqué par sa fidélité à la musique de Mahler.

II.2.2.2. (1973) Daniel Barenboïm (1942-) - pianiste et chef d'orchestre argentin et israélien (il est également porteur d'un passeport palestinien)

Comme précisé ci-avant, ce grand chef n'est pas un inconditionnel de la musique de Mahler à laquelle il ne prête pas un intérêt prioritaire dans sa brillante carrière démarrée très jeune. Il est intéressant de comprendre pourquoi une longue indifférence initiale se transforme en une fascination pour le compositeur autrichien.

C'est en 1973 que Daniel Barenboïm dirige la première œuvre de Mahler, à l'âge de quarante ans (ce qui est tard pour ce surdoué précoce en tout). Il est allé écouter à Londres Otto Klemperer diriger la septième symphonie de Mahler. A la fin du concert, Barenboïm a avoué à Klemperer qu'il avait détesté la symphonie ! De son côté, Klemperer enchaine en émettant lui-aussi un jugement négatif mais pour la seule cinquième symphonie. Barenboïm avoue que ce sont ces propos acides du chef allemand qui l'ont amené à retenir cette cinquième symphonie pour sa première interprétation mahlérienne…

Ensuite, pendant plus de vingt ans, il continuera à ignorer les autres symphonies… Ce n'est que dans les années 1990 que Barenboïm s'intéresse à de nouvelles symphonies : la première, septième, neuvième. Pour autant, il considère ne pas être un spécialiste du compositeur autrichien.

Dans les années 1970, le baryton Dietrich Fischer-Dieskau, déjà très célèbre, fait découvrir à Daniel Barenboïm les Lieder de Mahler. Lors d'un récital donné ensemble, Barenboïm au piano se dit que ces Lieder étaient vraiment extraordinaires (c'est la première appréciation positive du Maestro sur la musique de Mahler et c'est loin d'être la dernière).

A cette époque, si les Lieder le séduisent, il conserve une appréciation très négative pour la musique symphonique mahlérienne.

Daniel Barenboim n'apprécie pas alors l'interprétation des œuvres de Mahler et est agacé par les commentaires fréquents non musicaux sur la musique mahlérienne.

Pas à pas, le Maestro va modifier sa vision des symphonies mahlériennes. D'abord c'est l'attirance que Daniel Barenboïm éprouve pour Richard Wagner qui l'amène à prendre conscience du grand intérêt que peut représenter pour lui la musique de Mahler dans la mesure où celle-ci doit être tellement marquée par celle de Wagner. Ensuite c'est son ami Pierre Boulez, grand admirateur de Mahler, qui l'influence à son tour. Ils décident de faire l'un et l'autre un cycle Mahler complet et d'écouter ensuite, ensemble, l'interprétation de chacun.

De plus Daniel Barenboïm se rend compte progressivement que le compositeur autrichien réalise la synthèse de trois siècles de composition symphonique, les XVIIIème, XIXème et XXème. Pour lui, la symphonie de Mahler a une forme très ancienne. Mais le compositeur autrichien est créateur d'un modernisme historique, unique selon le Maestro, dans le développement de la musique. Son œuvre symphonique est en quelque sorte l'affirmation de trois siècles de pensée musicale.

Pour Barenboïm, Mahler fait de plus une synthèse entre Wagner, pour le passé, et Schönberg, pour le futur. Il le considère donc comme une grande figure de transition.

C'est la complexité de la musique de Mahler qui présente le plus grand attrait pour Daniel Barenboïm.

Barenboïm trouve également fascinant chez Mahler le constat que chacune de ses symphonies donne l'impression d'être écrite par un compositeur différent. Daniel Barenboïm précise que très peu de compositeurs ont réalisé cette performance. Aux côtés de Mahler, Beethoven a selon lui cette grande qualité.

Barenboïm se limite à jouer les seules œuvres qu'il préfère, tant de Mahler que d'autres compositeurs. Chaque fois qu'il les interprète il ressent quelque chose de nouveau, ce qui le passionne.

Daniel Barenboïm ressent que Mahler a beaucoup souffert de l'antisémitisme dont il a été victime et qu'il a livré à tous ce qu'il avait de plus profond dans son être.

II.2.2.3. (1972) Myung-whun Chung (1953-) - pianiste et chef d'orchestre sud-coréen

La Corée du sud a une longue tradition musicale et il est heureux de constater que des artistes de ce pays se fassent apprécier sur la scène musicale internationale.

C'est le cas de Myung-whun Chung bien connu en France : il a été de 2000 à 2015 directeur musical de l'Orchestre philharmonique de Radio France.

Très doué pour la musique, il est d'abord formé au piano. A sept ans il rejoint l'orchestre philarmonique de Séoul.

Il est également apprécié grâce au « Trio Chung », formé avec ses sœurs, Chung Kyung-wha, violoniste, et Chung Myung-wha, violoncelliste (et lui au piano).

Une brillante carrière de pianiste s'ouvre à lui mais il va l'abandonner progressivement à cause d'un certain... Gustav Mahler. Il confie :

> « Je suis devenu chef d'orchestre pour diriger Mahler ».

Il livre cet aveu lors d'une interview réalisée par Christian Wasselin[181] en 2004. J'en reprends un extrait avec l'autorisation du réalisateur :

> Question : « la perception de la musique de Mahler a-t-elle changé, et singulièrement en France, depuis la redécouverte dont ce compositeur a fait l'objet à partir des années soixante, qui correspondent au centenaire de sa naissance ? »
>
> Myung-whun Chung :
>
> « La place de Mahler a changé dans le monde entier. Il y a cinquante ans, sa musique ne faisait pas partie du répertoire ; désormais il est considéré partout comme un géant. Cinquante ans, finalement, c'est assez peu. On a fini par comprendre que Mahler a conduit la musique symphonique, partie de Haydn et poussée en avant par Beethoven, à un sommet que personne après lui n'a pu dépasser. Ses symphonies, même si elles contiennent de nombreux éléments naïfs (folklore, chansons populaires, effets de nature, etc.), sont des partitions d'une grande complexité. Moi qui au départ suis pianiste, j'ai voulu devenir chef d'orchestre pour les diriger : il est impossible de jouer au piano une symphonie de Mahler, les couleurs orchestrales

---

[181] Christian Wasselin est l'auteur de « Mahler La symphonie-monde », Gallimard 2011, ouvrage déjà cité, publié à l'occasion de l'exposition « Gustav Mahler » au Musée d'Orsay à Paris, du 8 mars au 29 mai 2011.

ayant trop d'importance, alors qu'un pianiste peut très bien interpréter une symphonie de Beethoven ou de Brahms. »

« Mahler combine trois éléments comme on ne l'avait jamais fait avant lui, comme on ne l'a pas fait ensuite : la nature, le chant, les timbres instrumentaux. Il prétendait que chacune de ses symphonies représente un monde, je trouve, moi, que chaque symphonie de Mahler raconte l'histoire d'une vie, avec ses drames, ses angoisses, ses peurs, ses élans d'amour, etc. Mahler est l'un des très rares compositeurs dont on puisse faire entendre toutes les symphonies sous forme de cycle car elles sont toutes différentes et toutes passionnantes. Je ne suis pas allé au bout d'un cycle Dvorak que j'ai commencé, de même j'ai interrompu un cycle Nielsen. Même chez Schubert, les premières symphonies sont moins intéressantes. »

Question : « La musique de Mahler, qui était lui-même chef d'orchestre et a laissé des partitions méticuleusement notées, n'enlève-t-elle pas sa liberté à l'interprète ? »

Myung-whun Chung : « Au contraire ! Et on aurait aimé que Haydn et Mozart nous laissent des partitions aussi précises que les siennes ! Quand un interprète est sûr des fondations des œuvres qu'il aborde, alors seulement il peut être libre. S'il doute, il est gêné. Notre travail ne consiste pas uniquement à reproduire mais aussi à faire revivre, à donner corps aux intentions de Mahler. Il y a les couleurs, les tempos, il y a aussi la dynamique, et cette manière très particulière de faire cohabiter simultanément plusieurs nuances dynamiques : un groupe d'instruments joue *crescendo*, un autre continue *pianissimo.* Quand Mahler évoque la nature, comme au début de la *Première Symphonie*, j'ai l'impression de respirer avec lui. Quand il pousse à l'extrême les émotions et les tensions, sa musique devient physiquement épuisante à diriger. Il est impossible pour un chef d'orchestre qui dirige Mahler de ne pas transpirer. »

Question : « Un orchestre français comme l'Orchestre Philharmonique de Radio France peut-il ou doit-il approcher d'une manière particulière la musique de Mahler ? »

Myung-whun Chung : « Il faut qu'un orchestre, quel qu'il soit, joue l'ensemble du répertoire. Il ne faut pas se cacher derrière sa nationalité : aujourd'hui, il est possible, dans le monde entier et dans tous les domaines, d'écouter, d'éprouver, de comparer, de faire son choix personnel. Quant à jouer d'une manière française, je ne sais pas trop ce que cela veut dire. Il faut dépasser ses complexes et ses blocages, car le monde est de plus en plus ouvert. Il m'est arrivé d'entendre, quand j'étais étudiant, des orchestres allemands très peu convaincants dans Beethoven. De même, à Moscou, j'ai entendu des formations russes qui étaient loin de l'idéal dans leur propre répertoire. L'Orchestre Philharmonique de Radio France peut très bien se montrer le meilleur dans le répertoire mahlérien. »

Dans ce témoignage du chef coréen, tout est dit sur Mahler et pas un mot ne doit être retiré.

Ainsi, la fascination que suscite Gustav Mahler sur des musiciens contemporains doués se poursuit : s'il a transformé en 1945 l'existence du jeune musicologue Henry-Louis de La Grange, en 1990 sa musique incitera un pianiste coréen à quitter le métier, dans lequel il réussit, pour devenir chef d' orchestre afin de « diriger Mahler » selon ses termes. C'est ce que j' ai appelé le « miracle Mahler » qui continue à se produire cette fois sur le continent asiatique…

Il y a bien un « Personnage Mahler » qui touche quiconque prend le temps d'écouter sa musique.

Pour terminer, je reprends, pour la mettre en évidence, la belle définition d'une symphonie de Mahler, que vient de donner Myung-whun Chung :

« Chaque symphonie de Mahler raconte l'histoire d'une vie, avec ses drames, ses angoisses, ses peurs, ses élans d'amour,.. »

II.2.2.4. (1972) Sir Simon Rattle (1955-) - chef d'orchestre britannique

Son parcours brillant débute par des études musicales dans la célèbre école Royal Academy of Music de Londres où Simon Rattle se forme au piano et au violon. Mais son premier poste dans un orchestre sera de percussionniste.

Très jeune, il commence à diriger des orchestres. A dix-neuf ans, l'année de son diplôme, il remporte le Concours de chef d'orchestre John-Player. Alors qu'il est toujours en formation, il se fait remarquer par une remarquable direction de la deuxième symphonie de Mahler.

A vingt-cinq ans, Simon Rattle est nommé chef de l'Orchestre symphonique de Birmingham (*City of Birmingham Symphony Orchestra*, « CBSO »), poste qu'il occupera de 1980 à 1998. Ce jeune chef révélera ses dons en élevant le CBSO à un niveau musical exceptionnel. Lorsqu'il quitte ses fonctions, son orchestre sera considéré comme un des meilleurs au monde. En 1987, il dirige l'Orchestre philharmonique de Berlin avec au programme la sixième symphonie de Mahler.

En 1999, Rattle est choisi, par vote des musiciens, comme successeur de Claudio Abbado à la Direction musicale de l'Orchestre philharmonique de Berlin (2002-2017), un des postes les plus prestigieux. Il dirige le concert inaugural avec comme œuvre principale la cinquième symphonie de Gustav Mahler. Cette prestation est saluée par la presse internationale (heureusement, ce concert remarquable sera gravé par EMI). Il enregistre à Berlin la neuvième symphonie de Mahler. Simon Rattle dirige ensuite la dixième symphonie de Mahler (version III de Derick Cooke) avec le Berliner Philarmoniker (disque EMI).

Entre 2010 et 2012, Rattle réalise une intégrale des symphonies mahlériennes à nouveau avec le Berliner Philarmoniker et sort un coffret de 12 disques d'œuvres de Mahler en 2017.

Il quittera l'Orchestre philharmonique berlinois en 2018 pour prendre la direction de l'orchestre symphonique de Londres. Pour son concert d'adieu à Berlin en juin 2018, Rattle dirigera une nouvelle fois la sixième symphonie de Mahler. Ce concert a été ovationné par le public. A cette occasion, Rattle a la très bonne idée de faire réaliser un coffret des deux versions de cette sixième symphonie avec son orchestre berlinois : le premier disque avec sa version de 2018 et le second, celle de 1987. L'interprétation réalisée par Rattle à l'âge de trente-deux ans pourrait être influencée par Herbert Karajan. Dans la version de 2018, Rattle qui a soixante-trois ans, aurait modifié sa vision de l'œuvre en accordant plus de place à l'espérance. Ceci illustre que l'œuvre de Mahler continue à inspirer auprès de grands chefs une réflexion permanente sur le sens de sa musique. Sa découverte n'est jamais achevée.

Simon Rattle réalise un bel enregistrement de la deuxième symphonie de Mahler, ce qui lui vaut plusieurs récompenses. Il est considéré comme l'un de ses meilleurs disques (il en a enregistré à ce jour plus de soixante-dix).

La carrière de ce chef d'orchestre au sommet de son art est depuis le début fortement marquée par le compositeur Mahler.

II.2.2.5. (1985) Daniel Harding (1975-) - chef d'orchestre britannique

Ce chef d'orchestre étonnant réussit tout très jeune avec brio.

Il se forme dans l'Ecole réputée de Musique de Chetham (Manchester) où il étudie la trompette. Très jeune, à dix ans, il écoute des Lieder de Mahler qui devient rapidement un compositeur qu'il admire.

A treize ans il veut être chef d'orchestre et dirige « *Pierrot Lunaire* » de Schönberg avec un ensemble de musiciens amis. Simon Rattle qui est à la tête de l'Orchestre Symphonique de Birmingham le repère et le prend comme assistant à dix-huit ans.

L'année suivante Harding obtient un premier prix des plus prometteurs : celui du meilleur espoir de la Royal Philharmonic Society.

En 1995, il remplace de manière impromptue Simon Rattle dans la direction du « Chant de la terre » de Gustav Mahler, au Théâtre du Chatelet à Paris.

C'est ensuite Claudio Abbado qui cherche en 1996 un assistant pour l'Orchestre philharmonique de Berlin et choisit à son tour Daniel Harding qui dirigera à vingt et un an le Berliner Philharmoniker… Toujours en 1996, il est chef invité aux « PROMS » où il se fait remarquer comme le plus jeune chef…

Il devient alors chef principal de l'Orchestre symphonique norvégien de Trondheim (1997-2003).

A vingt-trois ans, en 1998, il se distingue au Festival d'Aix-en-Provence en dirigeant Don Giovanni de Mozart, en alternance avec Claudio Abbado. Ils obtiennent un triomphe. Ce Festival continuera à inscrire régulièrement ce jeune chef anglais à son programme.

Daniel Harding sera le premier chef invité du Mahler Chamber Orchestra créé par Abbado.

De 2003 à 2008, il en deviendra le directeur musical. Avec cet orchestre, il enregistrera en 2004 la quatrième symphonie de Mahler (chez Virgin Classics) avec la soprano allemande Dorothea Röschmann, ainsi que des Lieder du compositeur autrichien. Daniel Harding fera graver d'autres disques de Lieder de Mahler avec notamment la mezzo-soprano suédoise Anna Larsson et le baryton Peter Mattei, de la même nationalité.

En 2005, il est associé au concert d'ouverture de la Scala de Milan.

Harding sera chef invité de nombreux grands orchestres et jouera régulièrement des œuvres de Gustav Mahler. Ce sera notamment le cas de la première symphonie, le 30 septembre 2009, lors d'un concert remarqué, à Amsterdam, à la tête de Concertgebow.

En 2010, il prête son concours à l'élaboration d'un film de qualité réalisé par Andy Sommer : « Gustav Mahler-Autopsie d'un génie » (finalisé en 2011). Il est interviewé aux côtés d'autres grands mahlériens : Claudio Abbado, Pierre Boulez, Daniele Gatti, Thomas Hampson, Philippe de Chalendar, Jonathan Nott, et de l'intervenant principal Henry-Louis de La Grange. Ces défenseurs contemporains notables de la musique de Mahler ont donc été réunis autour de ce beau projet. Le film montre Daniel Harding dirigeant la sixième symphonie de Mahler à la tête du Sveriges Radios Symfoniorkester de Stockholm, dont il a été chef principal depuis 2007. Ensuite il précise que Mahler donnait dans ses partitions des indications précises, très précieuses pour les chefs d'orchestre. Enfin, il commente la dixième symphonie de Mahler dédiée à

Alma, avec l'annotation à la main de Mahler « Almchi, pour toi vivre, pour toi mourir »…

Il est nommé à quarante ans (2016), directeur musical de l'Orchestre de Paris, pour trois ans, prenant la suite de Paavo Jârvi. Harding enrichira le répertoire en inscrivant notamment la dixième symphonie de Mahler.

Après une vingtaine d'années de direction d'orchestre, Daniel Harding a besoin d'une activité tout autre pour mieux faire son métier de chef, le pilotage d'avions :

> "Ça m'a fait tellement de bien! Je pense que je dirige mieux depuis. Si je prends un peu de recul, le fait d'avoir autre chose dans la vie me fait du bien".

Il vient de décider de prendre encore d'avantage de recul en annonçant qu'il quitte son poste de chef d'Orchestre de Paris pour prendre une année sabbatique et devenir co-pilote de ligne chez Air France…

Pour la première fois, il ne sera évidemment pas à nouveau le plus jeune dans sa carrière éclair : il ne pourra pas être le cadet des pilotes de ligne chez Air France…

Menée depuis le début à plus de cent kilomètres/heure, son activité professionnelle va encore s'accélérer cette fois dans les airs, à près de mille kilomètres/heure…

Si son avion dépasse les mille kilomètres, ce grand chef mahlérien pensera peut-être à la huitième symphonie, dite des mille, du compositeur qu'il admire…

Toutes ces sommités de la musique, de nationalités différentes, ont un point en commun : une fascination pour la musique de Gustav Mahler et un grand attachement à sa personnalité.

CONCLUSION

GUSTAV MAHLER, UN GÉNIE UNIVERSEL

La qualité de la musique de Gustav Mahler est désormais reconnue par tous surtout que, depuis les années 1960, elle est progressivement sortie d'une éclipse injuste. Critiquée parce que trop en avance sur son temps, son œuvre est enfin jugée à sa véritable valeur.

De l'avis général, le compositeur Mahler est un génie.

La longue histoire de l'Humanité compte heureusement beaucoup de génies dans tous les modes de pensée et d'expression : littérature, sciences, musique, peinture, architecture, sculpture…Parmi ceux-ci, certains ont en plus une dimension humaine qui s'accompagne souvent d'une ouverture sur l'ensemble de l'Univers…

C'est le cas de Gustav Mahler qui, pendant toute son existence et avec une énergie inouïe, a voulu, avec ses très nombreuses qualités et quelques défauts, composer de la musique pour créer un monde plus heureux. Au cours de sa vie trop brève, il a voulu améliorer la condition humaine. C'est tout le sens de sa vocation de compositeur qui ne l'a jamais quitté : croire en sa musique pour le bonheur de l'Humanité. Avec une grande honnêteté intellectuelle, une de ses qualités, il s'est consacré à ce noble idéal auquel il restera fidèle sans la moindre faille.

Mahler a rejoint le Panthéon des grands génies humanistes : les Léonard de Vinci, Michel-Ange, Albert Einstein, Jean-Sébastien Bach, Johann Wolfgang Goethe, Pierre Teilhard de Chardin, Pierre et Marie Curie...pour ne citer qu'eux. Tous ont en commun le même idéal qu'ils ont poursuivi durant toute leur existence : apporter par leurs actes et leur pensée un témoignage de grandeur à l'Humanité, de manière consciente ou non, et chercher à soulager la souffrance humaine. Ils sont animés de sollicitude, d'amour pour ceux qui les entourent. Ce sont des bienfaiteurs de l'Humanité. Et Gustav Mahler est un bienfaiteur de l'Humanité.

Ces personnages d'exception ont pu se sentir dépassés par une force qui les a poussés mais ils ont rempli leur haute mission, tournant le regard, non vers eux-mêmes, mais vers les autres.

Ce grand idéal qui l'anime résume tout le sens de la vie de Gustav Mahler. Enfant de famille pauvre, marqué par de nombreux drames, obligé de conduire malgré lui deux carrières de chef d'orchestre et directeur d'opéra qui ne sont pas sa vocation, il arrivera par obstination à consacrer du temps à sa seule vraie mission, la composition musicale. Il sera assailli de critiques négatives sur son travail de compositeur, rappelé régulièrement à sa condition juive. Toujours il résistera.

Très lucide et intuitif, Mahler est soucieux de tragédies qu'il sent se préparer dans le monde et veut les éviter. Par sa musique.

Mahler était animé de l'esprit des bâtisseurs de cathédrales, et les siennes sont musicales.

Il laisse aux générations futures un hymne à la joie que l'on peut rapprocher par son ampleur de celui de Beethoven, porté par sa symphonie sublime, la huitième, que le compositeur autrichien considérait comme le sommet de son œuvre. Mahler livre à travers cette œuvre grandiose son message de recherche du salut de l'Humanité par l'Amour.

D'un courage exceptionnel et d'une énergie débordante, Gustav Mahler parvient à faire face à l'adversité, fût-ce aux plus grands drames dont le destin ne l'a pas épargné. Sans le vouloir, il donne à tous une leçon de vie : franchir tous les obstacles pour ne jamais perdre son idéal.

Seule la maladie finira par avoir raison de ce personnage d'exception. Il n'a que cinquante ans lorsqu'il quitte cette Terre qu'il a tellement aimée.

Gustav Mahler a été un compositeur visionnaire.

Comme au début du XXème siècle, notre monde actuel est confronté à des perspectives incertaines et menaçantes. Nous pouvons trouver un réconfort chez les humanistes qui prêchent une possible évolution heureuse de notre petite planète. Nous avons besoin de prophètes et Gustav Mahler en est un.

Mahler a contribué à tisser un lien entre un siècle finissant avec de nombreuses interrogations et un nouveau plein d'espoirs mais très vite marqué de grandes désillusions.

Parmi ses proches, certains diront que Gustav Mahler était un mystique, Schönberg, comme d'autres, le qualifiera de saint. Peut-être mais son souci de totale liberté d'expression l'empêchait d'être enfermé dans une religion. Pour autant une sensibilité spirituelle l'animait en permanence.

Tel était le merveilleux personnage Mahler.

Nous touchons à la fin de ce voyage-découverte de Gustav Mahler. Je voudrais terminer par quelques témoignages (certains ont déjà été cités dans ce livre) qui me paraissent les plus révélateurs de la personnalité profonde du compositeur.

Je reprends tout d'abord l'hommage rendu par Alma, sa compagne de vie qui a souffert de la passion absolue de son mari pour la musique, en dépit de l'attachement qu'il a toujours éprouvé pour elle. Alma a heureusement perçu les grandes qualités de ce mari qui n'a pas toujours été facile à vivre au quotidien :

> « Souvent j'ai conscience du peu que je suis, du peu que je possède comparé à son incommensurable richesse ! »

> « Sa lutte pour les valeurs éternelles, son authenticité jusque dans la mort resteront toujours présentes pour moi comme un exemple de sainteté ».

Bruno Walter écrira :

> « Ce que Mahler possédait et savait dépassait de très loin l'objet de sa quête, car il portait en lui la musique, il portait en lui l'amour. Je crois, donc, que, désormais racheté, il aura appris que sa quête inlassable contenait en germe sa réponse et que son désir aura enfin été apaisé ».

Ensuite, ce beau message déjà cité du compositeur Alban Berg :

> « Les trésors que la terre peut encore lui apporter, il veut en jouir, et aussi longtemps qu'il le pourra : il veut loin de tout ennui… se créer un chez-soi, pour aspirer à longs traits, toujours, toujours plus profonds, cet air terrestre le plus pur pour que le cœur - le cœur le plus magnifique qui ait battu parmi les hommes - … se dilate toujours plus, avant qu'il doive ici cesser de battre ».

Se recueillant souvent sur la tombe du compositeur, Henry-Louis de La Grange livre en ce lieu symbolique cet aveu avec beaucoup d'émotion :

> « Il m'a aidé tellement à vivre » ... « comme il a aidé énormément d'autres gens, sorte de preuve qu'il existe quelque chose au-dessus de l'Humanité »...
>
> « Ma vie a vraiment été dédiée à cet immense musicien et à cet homme, à mon avis, qui est tellement hors du commun. Quoi qui se soit passé dans sa vie, il a toujours été un grand homme et c'est magnifique, merveilleux de trouver un homme que l'on puisse admirer complètement. Et quand on lui trouve des faiblesses, c'est le revers de la médaille, c'est parce que chacun à ses faiblesses et même les plus grands hommes en ont toujours. Et ne parlons pas des autres... »

Le pianiste, chef d'orchestre et compositeur américain d'origine russe, Ossip Gabrilowitsch, qui a connu Mahler aux Etats-Unis, fournira ce témoignage :

> « Mahler est l'incarnation même des idéaux artistiques et humains les plus élevés....Depuis que j'ai fait sa connaissance, la vie me paraît plus noble, plus digne d'être vécue ».

Voici une dernière volonté de l'incontournable mahlérien Leonard Bernstein : il aurait demandé que sa partition de la cinquième symphonie de Mahler soit déposée aux côtés de sa dépouille... peut-être souhaitait-il qu'on lui demande dans un « autre monde » de diriger l' « Adagietto » du Maître qui pourrait faire partie du public...

Bernstein exprime son attachement profond à Mahler par cette belle phrase :

> « Quand Mahler est triste, il est dans une détresse totale, rien ne peut le réconforter, c'est comme un enfant qui pleure. Et

quand il est heureux il est heureux comme un enfant sans retenue. C'est là une des clefs de l'énigme Mahler, il est comme un enfant ! »

Gustav Mahler aurait certainement pris pour un grand compliment d'être comparé à un enfant qui représente pour lui l'avenir et l'innocence du monde, « le vaisseau cosmique de l'amour » selon son expression. D'où l'importance des chœurs d'enfants dans l'œuvre de Mahler. Ce compositeur génial a heureusement conservé une âme d'enfant. Toute sa vie il a continué de s'émerveiller de tout. Son épouse Alma dira qu'il vivait dans ses rêves...

En évoquant les enfants, je reprends ce qu'a écrit un chroniqueur présent à la création de la huitième symphonie, dirigée par Mahler à Munich en 1910 :

> « Les enfants du chœur, en particulier, à qui il n'avait cessé de prodiguer conseils et attentions pendant les répétitions, n'en finissaient plus d'applaudir, ni d'agiter leur mouchoir ou leur partition. Pour lui, ils représentaient cet avenir qu'il sentait bien lui échapper. À la fin du concert, ils se précipitèrent tous ensemble à l'avant de la galerie qui leur était réservée pour lui donner des fleurs et lui serrer la main, lorsqu'ils hurlèrent à tue-tête : "Vive Mahler ! Notre Mahler !" Lorsque le compositeur eût reçu d'eux la seule couronne de lauriers, il ne put retenir ses larmes".

Le dernier témoignage aurait sans doute plu particulièrement à Gustav Mahler.

C'est une anecdote très banale en soi : en prenant un taxi à la sortie d'une gare parisienne pour rentrer dans mon appartement, j'ai entendu dans la voiture une musique que je connaissais. J'ai demandé au chauffeur ce qu'il écoutait et il m'a répondu « Mahler ». Je lui ai demandé alors s'il savait ce que c'était. Réponse : « la troisième symphonie ». A ma dernière question le concernant, il m'a précisé qu'il était d'origine marocaine et aimait beaucoup ce compositeur.

C'est un témoignage simple, direct, authentique. Ce sont ces qualités de la vie de tous les jours qui plaisait au « petit bohémien » génial, ouvert à tous, pouvant désormais penser à raison, là où il est :

« Mon heure est venue ».

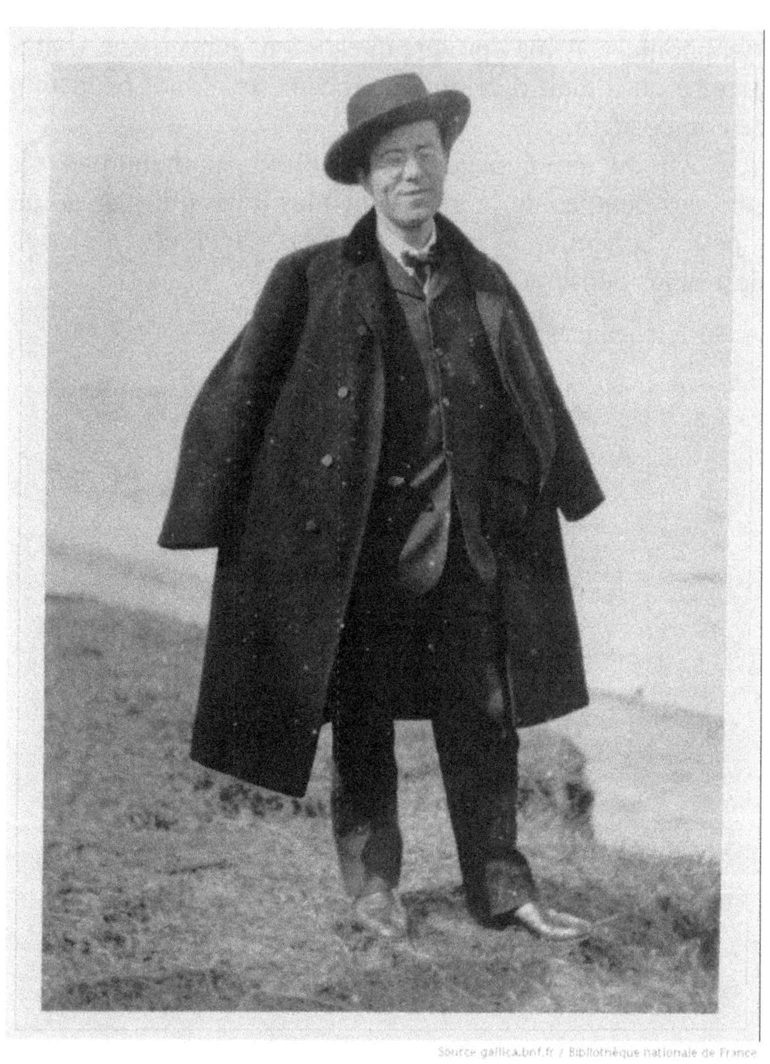

Gustav Mahler, au bord du Zuyderzee, en Hollande, en 1906.

Bibliothèque nationale de France.

Mahler est à l'évidence heureux dans sa « seconde patrie musicale »

TABLE DES MATIÈRES

Structures éditoriales du groupe L'Harmattan

L'Harmattan Italie
Via degli Artisti, 15
10124 Torino
harmattan.italia@gmail.com

L'Harmattan Hongrie
Kossuth l. u. 14-16.
1053 Budapest
harmattan@harmattan.hu

L'Harmattan Sénégal
10 VDN en face Mermoz
BP 45034 Dakar-Fann
senharmattan@gmail.com

L'Harmattan Cameroun
TSINGA/FECAFOOT
BP 11486 Yaoundé
inkoukam@gmail.com

L'Harmattan Burkina Faso
Achille Somé – tengnule@hotmail.fr

L'Harmattan Guinée
Almamya, rue KA 028 OKB Agency
BP 3470 Conakry
harmattanguinee@yahoo.fr

L'Harmattan RDC
185, avenue Nyangwe
Commune de Lingwala – Kinshasa
matangilamusadila@yahoo.fr

L'Harmattan Congo
67, boulevard Denis-Sassou-N'Guesso
BP 2874 Brazzaville
harmattan.congo@yahoo.fr

L'Harmattan Mali
Sirakoro-Meguetana V31
Bamako
syllaka@yahoo.fr

L'Harmattan Togo
Djidjole – Lomé
Maison Amela
face EPP BATOME
ddamela@aol.com

L'Harmattan Côte d'Ivoire
Résidence Karl – Cité des Arts
Abidjan-Cocody
03 BP 1588 Abidjan
espace_harmattan.ci@hotmail.fr

L'Harmattan Algérie
22, rue Moulay-Mohamed
31000 Oran
info2@harmattan-algerie.com

L'Harmattan Maroc
5, rue Ferrane-Kouicha, Talaâ-Elkbira
Chrableyine, Fès-Médine
30000 Fès
harmattan.maroc@gmail.com

Nos librairies en France

Librairie internationale
16, rue des Écoles – 75005 Paris
librairie.internationale@harmattan.fr
01 40 46 79 11
www.librairieharmattan.com

Librairie l'Espace Harmattan
21 bis, rue des Écoles – 75005 Paris
librairie.espace@harmattan.fr
01 43 29 49 42

Lib. sciences humaines & histoire
21, rue des Écoles – 75005 Paris
librairie.sh@harmattan.fr
01 46 34 13 71
www.librairieharmattansh.com

Lib. Méditerranée & Moyen-Orient
7, rue des Carmes – 75005 Paris
librairie.mediterranee@harmattan.fr
01 43 29 71 15

Librairie Le Lucernaire
53, rue Notre-Dame-des-Champs – 75006 Paris
librairie@lucernaire.fr
01 42 22 67 13

www.ingramcontent.com/pod-product-compliance
Lightning Source LLC
LaVergne TN
LVHW010429230826
846092LV00009BA/1102